JN198101

仕事の「ムダ」が必ずなくなる

超時短術

「週休3日」を実践するコンサルタント

越川慎司

日経BP

はじめに

「働き方改革」なんてうまくいくはずがないと思っていませんか？

政府の掛け声を受けて、会社は「とにかく定時で帰れ」と言い出したけれど、一方で、これまでと同様、「もっと成果を上げろ」と言う。それができるなら、とっくにやっている…。現場のため息があちこちから漏れています。

実際、私たちが日本企業５２８社に調査して判明したのは、働き方改革の成功企業はたった12%しかないという実態でした。にもかかわらず、メディアに溢れるのは、きらびやかな成功事例ばかり。すると会社から「うちもこのやり方で行こう」と指示が来る。けれど、業種や事情の異なる手法を無理やり当てはめても、現場の混乱は深まるばかり…。

でも、改めて考えてみてください。これまでも様々な難題に直面しながら、それに対応してきたから今のあなたがある。そう、皆さんはこれまでも「改革」をしてきているのです。なのに不安に思ってしまうのは、以前よりも変化が激しくて対応方法が見えにくくなっているから。大切なのは、政府が突然持ち出してきた「働き方改革」というお題目に心惑わされるのではなく、しなやかに変化に合わせて行動を変えることです。

でも、うちの役員は頭が固くて現場の改革なんて無理…。

対応方法が見えないと、「できない理由」に目が行きがちです。なぜならそういった「コントロールできないこと」に不平不満を言っていれば、行動を回避できるから。何を回避しているのでしょう？ それは、行動を変えること。なぜその行動を避けているのでしょう？ それは、良いやり方が分からないから、失敗するのが怖いから。

では、どうしたらいいのか。私は世に溢れる正誤入り乱れた情報に踊らされることなく、多くの人が不安を乗り越えて行動に移すことができる方策を見つけ出したいと思いました。そして、それには「大規模な行動実験」が必要であると思い至りました。その実験を実行して振り返れば、その行動が成功なのか失敗なのか、そしてどの行動が多くの組織に適用でき、改革に資するのかが分かる。つまり、**再現性が高く、生産性が高い「時短術」が見**

出せるはずだ、と。

しかし、このような実験にはリスクが伴います。とかく大きな組織ではメリットよりもデメリットに目を向けがちなので、先の見えない実験を自分たちでやろうだなんて思いません。そこで、私たちはまず、公開されていない働き方改革の失敗例と成功例を一つずつ集めることにしました。私の考えに賛同してくれる人たちを訪ね、各社の取り組みをヒアリングして回り、その協力の代わりに他社の取り組み事例を紹介しました。すると、26社が私の「行動実験構想」に賛同し、コンサルタントとして各社の働き方改革に参画し、行動実験をリードできることになったのです。その集大成が、この本です。

なぜ各社は私に権限を与えてくれたのか?

それは、おそらく私自身が新しい働き方の実験を続けているからです。週休3日制、週30時間労働、複業、リモートワーク…。机上の理屈を並べるのではなく、自ら新しい働き方にチャレンジし、実践していることが、「一緒にやってみよう」と決断してもらうのに役立ったと思います。

いまでこそ、こうした「自由な働き方」を実践する私ですが、そもそもは新卒で国内大手通信会社に入社して毎日ラジオ体操を第2まで行い、台風直撃の東京で4時間かけて出社するような「昭和流」の企業文化に染まっていました。その後、外資系企業に勤め、米国でも働き、年に地球を4周するほど世界各地で仕事をするようになり、内と外から日本を見つめるうちに、日本企業の「現場の疲弊具合」が心から心配になりました。そして、この疲れ切った日本で「週休3日」を浸透させながら、企業をこれまで以上に成長させていく。そんな支援をしたいと起業したのです。

独立して2年以上経ちますが、週休3日・週30時間労働は定着し、私のみならず世界各地にいる38人のメンバーがこのルールを守っています。売り上げと収入は毎月上がっています。休日にはロードバイクやトライアスロンのレースに参加できるようになり、毎日7時間よく眠れる健康な生活を送ることができています。

これまで2回、精神疾患で仕事ができなかった経験があります。

振り返れば、私の人生は挫折の連続でした。二卵性双生児の片割れとして生まれ、体が弱く、交通事故や度重なる病気で小学校は休みがち。高校受験に失敗し、大学受験は3回も失敗してギリギリで大学生になりました。仕事が楽しくて仕方のない時に突然、軽うつ病になり出社できないこともありました。そんな私ですら、行動を変えることができたのです。皆さんにも、できないはずがないのです。

週休2日でとにかく9時に出社していれば給与はもらえるし、定年退職したら退職金と年金で暮らせばいいという「かつての常識」を持つ人には、私の働き方は理解されないでしょう。でも、この常識はもう通用しませんよね？ 企業の寿命がどんどん短くなり、日本人の寿命はどんどん長くなっています。この変化に合わせて生き方や働き方も変えていくのは当然だと思いませんか？ とはいえ、人はなかなか変われないものです。何かしなきゃいけないとは思っていても、なかなか意識は変えられない…。

意識を変える前に行動を変える。

知名度がない弊社は自ら生産性を高めて実績を残さないと仕事がもらえない、仕事がないと生活できない…と自分を追い込みました。退路を絶って「究極の生産性」を実現する覚悟をしました。そこで得た学びと手法が伝われば、多くの企業を救えると信じて。取り組むうちにやがて顧客が顧客を呼び、実績が再注文を増やしていきました。案件が増えるとより複雑な課題も増えていき、高度な実験と学習を増やしていくことができました。

26社の従業員数16万人を巻き込んで行動実験をしているケースは他にないと自負しています。約1・9万時間を費やして生み出した**「再現性のある時短術」**をまとめたのが、この本です。そのベースには528社への「働き方改革」支援から得たデータと知見があります。個人でできることから、チームで取り組むことでより成果が見込めること、企業として旧弊を見直して取り組んでほしいことまで、「現場の時短」に役立つ情報をたっぷり盛り込みました。現場で苦労して生み出した泥臭い具体策を多くの皆さんに紹介すれば、疲れずに楽しみながら成果を生む仕事が実現できると信じています。ご自身の職場で活用できるものを選んで、ぜひ実行してみてください。

より少ない労働時間でストレスから解放され、
より大きな自由と、より多くの選択肢を得ましょう。

目次

第6章 経営者の皆さん、今こそ変わるべきです……154

～警鐘編～　経営者・リーダーこそ変わろう

第7章 88%の失敗企業……172

～学習編～　失敗企業と成功企業から学ぶ

第8章 12%の成功企業……192

第1章

16万人チャレンジで見出した即効「JITAN術」

これから26社総勢16万人と一緒に実践した「時短実験」の取り組みを紹介します。様々な抵抗や失敗、苦労がありましたが、最終的に良い方向に修正でき、成果を見出せた「時短術」は、５つの「ＪＩＴＡＮ」ルールに基づいて実行したものでした。

５つのＪＩＴＡＮルール

Justification　べきはやるべき、正しいことを正しくやる
Identification inventory　まず無駄な作業の棚卸しから
Time-based outcome　時間当たりの成果をしっかり検証
Assessment　振り返り、評価をきめ細かく丁寧に

時短に踏み切る5つのJITANステップ	
Justification	べきはやるべき、 正しいことを正しくやる
Identification	無駄な作業の棚卸し
Time-based outcome	時間当たりの成果
Assessment	振り返り、評価
No exception	例外はなし

No exception　例外はなしで徹底実行

やるべきことを、正しい手順で、例外なく実行し、正しく検証して、成果につなげる。これをやり切ることが肝要です。では、どのように実行し、どのような学びがあったのか具体的に解説していきます。

ビジネスパーソンの時間を奪うトップ3は

体重を減らそうとダイエットする人は体重計に乗り、減らすべき脂肪の量を確認します。働く時間のダイエットも同じです。どうやって時間を減らすかの前に、なぜ時間が浪費されるのかを一度止まって考えることからスタートしま

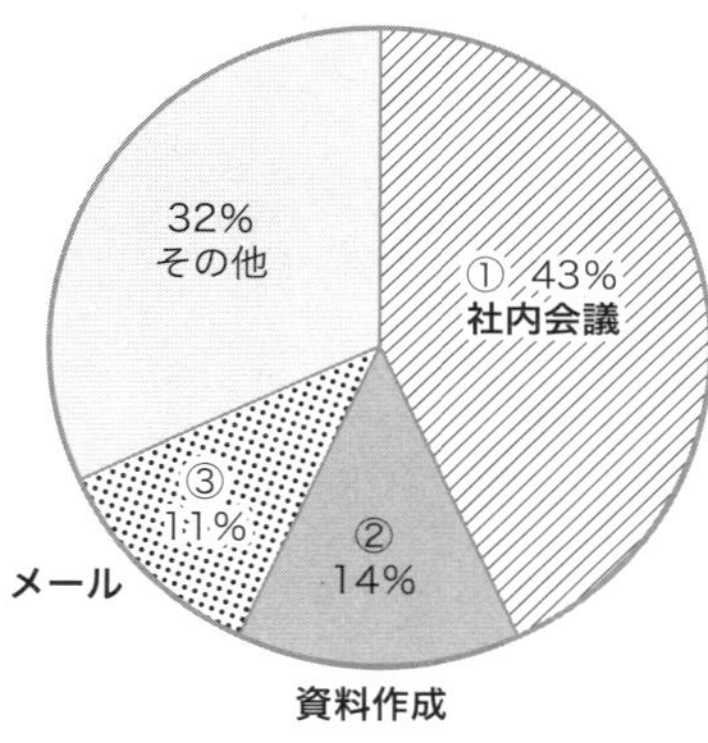

図：社員はどのように時間を奪われるのか

しょう。

まずは、これまでに関わった221社を調べてみました。結果、各社とも似たような傾向が出ました。トップ3はほとんど変わらず78%の企業が同じ項目でした。1位が「社内会議」43%、2位は「資料作成」14%、そして3位が「メールの送受信」11%です。業務時間のうち、社内会議に実に43%も費やしていたのです。顧客との打ち合わせ時間は「その他」32%に含まれます。調査対象は大企業が多く、人事や経理などの管理部門も含まれてはいますが、それにしても会議時間が多すぎます。

今のビジネスにかけている時間をダイエットして、浮いた時間を未来の投資に充てる。それが正しい働き方改革です。いざ「無駄トップ3」をダイエットしていきましょう。

「会議をダイエット！」編

長時間かけて成果が上がらない会議、やめましょう

業務時間に占める社内会議時間の平均は、大企業（社員1000人以上）で45％、中堅中小企業（社員1000人未満）で22％でした。業種や職種にもよりますが、大手企業の平均年収は700万円ほどですから、単純計算で年間300万円以上の1人当たり人件費が社内会議に投じられているわけです。この会議でビジネス（＝儲けること）が生み出されればよいのですが、そうでなければ大きな浪費になります。実際に221社にアンケートを取ったところ、「うちの会議はうまくいっていない」と回答した企業が75％もありました。残念ながら、時間をかけているのに効果は出ていないということです。

私たちは行動実験にあたって「会議時間を2カ月以内に8％減らす」という量的な目標を設定しました。同時に「会議の空気を変える」という質的な目標も掲げました。質的目標は曖昧に感じるかもしれませんが、意味のない会議を減らし、意味のある会議が効率的

に行われれば、会議の空気は変わり、本来の目的である課題解決などもしやすくなります。量（効率）と質（効果）の改善は表裏一体であり、目指すべき山の頂です。

４つのパターンに仕分ける

まずは会議を分類します。具体的には「効率重視」か「効果重視」かを横軸に取り、特定の人から参加者に向かう「一方向」型か、意見を出し合う「対話」型かを縦軸に取って、社内会議を４種類に分けます。

具体的には、

①企画・アイデア出し
②教育・啓蒙・モチベーションアップ
③意思決定
④情報共有

に整理できます。

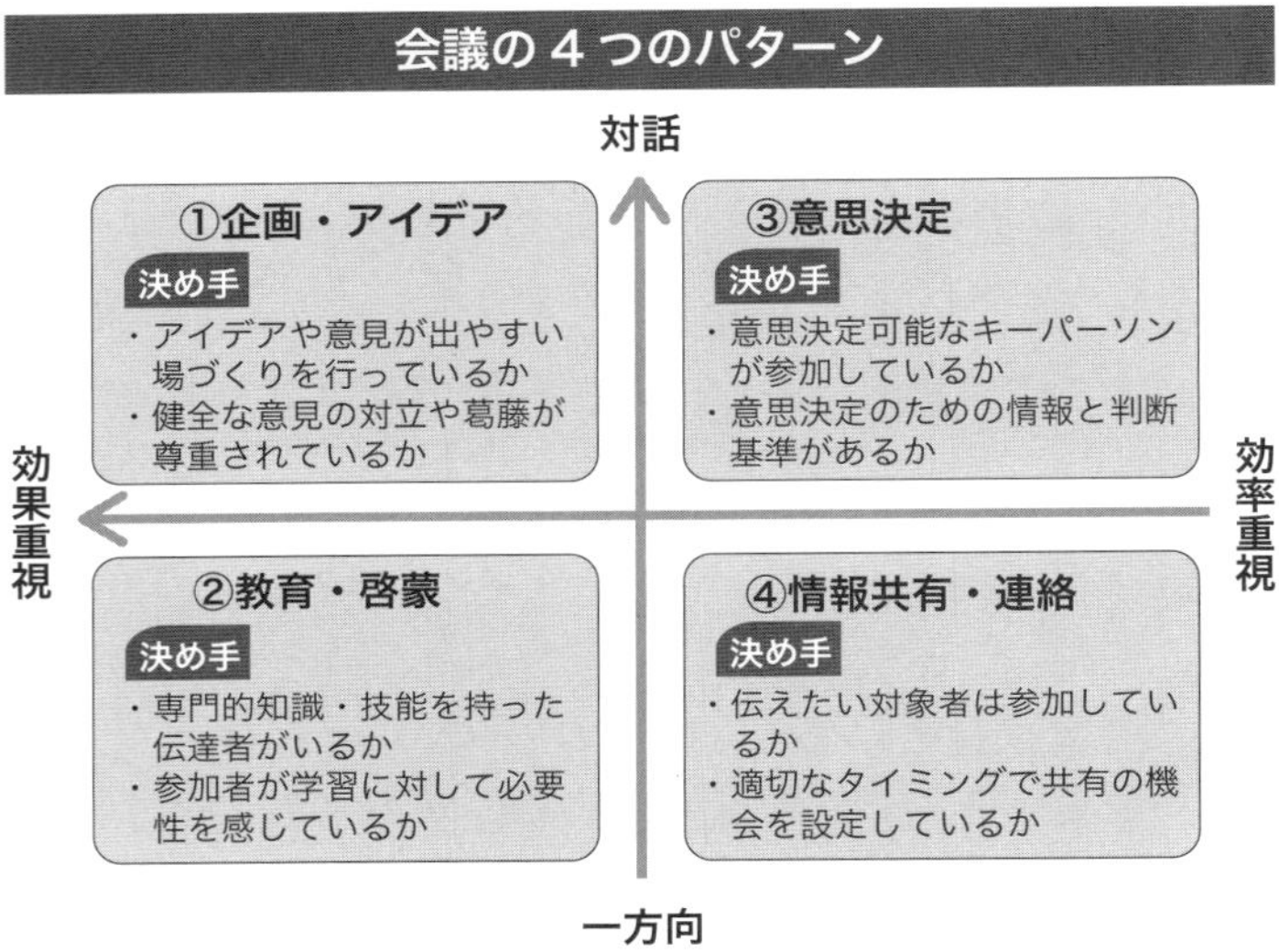
会議の４つのパターン
対話
①企画・アイデア
決め手
・アイデアや意見が出やすい場づくりを行っているか
・健全な意見の対立や葛藤が尊重されているか
③意思決定
決め手
・意思決定可能なキーパーソンが参加しているか
・意思決定のための情報と判断基準があるか
効果重視
効率重視
②教育・啓蒙
決め手
・専門的知識・技能を持った伝達者がいるか
・参加者が学習に対して必要性を感じているか
④情報共有・連絡
決め手
・伝えたい対象者は参加しているか
・適切なタイミングで共有の機会を設定しているか
一方向

図：会議を４つのパターンで整理しよう

この種別ごとに効率と効果を高めていくのですが、**最も効果が高いのは、やめる会議を決めること**です。会議室に入ってから「今日は何を話す？」という会議は言語道断、すぐにやめましょう。目的のない会議はいくらやっても成果は出ません。重要なのは、目的に応じて会議を開催すべきかどうかを決めること。どこかで止まって考えないと、過去の悪しき慣習をいつまでも引きずることになります。

18社の1万7000時間以上を調査した結果、目標を達成して成果が出た会議は、

①目的が明確に決まっている
②しっかり準備されアジェンダ（検討課題）が事前に共有されている
③必要な人が参加している

という3つが揃っていました。とても当たり前のことですが、これらの要素の1つでも欠けた会議は成功確率が40％以下でした。3つすべてがしっかり揃った会議の成功確率は87％に上がりました。この調査だけ見ても、事前の基本設計がいかに必要かが分かります。この3要素が揃っていないと参加者の時間を費やしても成果が出にくいわけですから、「時短」の対象です。ただし、あからさまに「無駄な会議はこれです」と言いにくいケースもあるでしょう。

やめる会議を決める「A24B」

そこで、この3要素の準備を徹底させるために、「アジェンダが24時間前までに共有されていない会議は開催を禁止」というルールをつくりました。このルールを「**A24Bルール**（**A**genda **24** hours **B**efore the meeting）」と名付けて18社で実行しました。社内にこのルールを記載したポスターを掲示して徹底を図りました。

当初は「主催者の準備作業が多くなる」と反対する人も多く、このA24Bルールを守らない会議も20%以上ありました。しかし、2カ月試行したところ、参加者の満足度は高く、会議に要する時間は平均で12%減りました。アジェンダで明確にした会議の目的は75%の確率で達成、量（時間）を減らして質（成果）を高めることができたのです。

22社で会議出席者を対象にした調査では、ビジョンと戦略が腹落ちした時に、戦術を実行する意欲が高まり（35%）、自分の存在や活動を承認された時にモチベーションが高まる（46%）という結果が出ています。リーダーが明確な指針を示し、チーム全体のモチベーションを高めることを意識した会議、それが「やるべき会議」です。

改めて、分類した会議をダイエットしていきます。

最も改善すべきは「情報共有会議」です。10人以上集まって1人ずつ週報を説明するような「よくある会議」は効率が高いとは決して言えません。ネットに載っている情報の確認をさせたり、営業目標の達成度をただ確認し合う会議は、即やめましょう。情報共有だけの目的であれば、「Chatwork」や「Teams」「Slack」などのITツールでカバーできます。

叱咤や熱意を伝えるために対面で指導することは必要でしょう。ただ、その儀式を毎週

表示

予定表のデザイン

次を週の最初の曜日として表示:

日曜日

時間の表示間隔:

(●) 15 分単位

( ) 30 分単位

稼働日を次のように表示する:

☐ 日 ☑ 月 ☑ 火 ☑ 水 ☑ 木 ☑ 金 ☐ 土

Office365 の予定表でデフォルトを 15 分に変更する方法は以下の通り。
「設定→表示→予定表のデザイン→時間の表示間隔→ 15 分単位」

とです。会議が終わって部屋を出た時の「今、ちょっといいですか?」というカジュアルな相談がその発生源です。

14社の新規ビジネスがどこで創造されたのかを追跡したところ、以下の結果になりました。

1位　会議室周辺（会議前後の立ち話）
2位　オープンスペース
3位　食堂・カフェテリア
4位　会議室

そう、会議室の中よりも、会議室の前室・オープンスペースの立ち話でカジュアルに話したことが、結果的に花開いていることが分かりました。

異質との摩擦が価値を押し上げる

同じチームのメンバーであれば普段から面と向かって話していることも、異なる部門の人とは会議ぐらいでしか話せない。しかし、旧来の重苦しい会議の最中に気軽に「ちょっと相談」というわけにもいかない。そこで、自部門だけでは解決できない課題や新たな企画を、会議後のちょっとした「すきま時間」に相談する。そんな場面が想定できます。

モノ消費からコト消費へと変わり、顧客のニーズが複雑で見えにくくなっている中で、1人や1部門で課題を解決しにくくなっています。会議はすべて撲滅すべきものではありません。異なる知見を持つメンバーを集め、アイデアを掛け合わせて顧客の悩みを解決し、かつメンバーのやる気を増していく。それが「やるべき会議」です。堅苦しいだけの会議や、ちょっとしたデメリットをダメ出しし続けるダメ上司のいる会議ではなく、複雑な問題を解決するために集まったメンバー同士のカジュアルな会話の中でユニークなアイデアが生まれる。それが「15分のすきま時間」で実現したのです。ちなみに、役員会議室発の新規ビジネスは全体の18%しかありませんでした。

また、新規ビジネスのアイデアの「起点となった人」を調べると、商品企画や新規ビジネス開発の専任者ではなく、営業や顧客サポートなど接客部門の担当者が多くいました。さらに、あるアイデアを出した人にヒアリングしたところ、喫茶店や読書中などリラックス時間に思いついたことをメモに書きまくっていて、その中にたまたま良いアイデアが含まれていたそうです。何かを突然閃く天才肌ではなく、疑問や課題に触れてあれこれ考えを巡らせるメモ魔でした。

この逆算的調査から見出したのは、**アイデアは質よりも量にまずこだわり、日常の激務から一歩離れたすきま時間にリラックスして考えるのが良い**ようだということです。そこで、クライアント12社に「すきま時間（バッファタイム）を週に30分セットする」ことを提案し、対象社員全員のスケジュール帳にバッファタイムを確保してもらいました。ただ単純に仕事を詰め込むのが「時短」ではありません。成果を生むための時間を効果的に活用することが重要です。

いきなりの「自由時間」に、初めは戸惑ったり反発したりする人も多かったのですが、徐々に定着していきました。売り上げに貢献するアイデアがここから生まれたかどうかは検証しにくいところですが、実施半年ほどで調べてみると、社員の満足度（働きがい）は上がっていました。花咲くアイデアが出てくることを楽しみにしたいところです。

余白タイムが新たなビジネスを生む

12社7000人を対象に、この余白タイムの設定を2カ月だけ義務付けた実験では、実施前に否定的であった社員は57％いましたが、実践後の満足度は86％、不満足と答えたのは8％だけです。ここで満足と答えた社員の7割以上がその後も自分の意思で余白タイムを設定しているそうです。また、嬉しいことに、余白タイムで何気なく考えついたアイデア2件がその後、新サービスとして提供されました。うち1件は月の売り上げが1000万円を超えるサービスとなり、稼ぎ頭の一つになっています（秘密保持契約があり具体名が公表できず、もどかしいです）。

ニュートンがベンチに座ってぼーっとしていた時に万有引力の法則を見つけたことは有名です。新しいものを生み出す創造力が発揮できるのは固定観念に阻害されることなく無邪気でいる時間です。成功企業はこの時間を仕組みとして浸透させています。

かつてGoogleが実践していた「20％ルール」も有名です。2004年に公表したこのルールは、すべての社員が労働時間の20％を新規事業について考える時間に充てなさい、とガイドしたのです。この20%ルールを基にＧｍａｉｌやＧｏｏｇｌｅマップが生まれたとされています。

ＰＣ禁止でアイデアを出し尽くす

18社で24の新規ビジネス開発プロジェクトに関して調査を行ったところ、成果を出したプロジェクトの92%は、異なるバックグラウンドを持つ参加者による「アイデア出し」が起点になり、その後の実現につながっていました。このアイデア出しが「ブレインストーミング（ブレスト）」という作業で、何を採用するかを気にせずにアイデアを出し合う会議です。

このブレストに必要なのは、参加者がリラックスして無邪気であること。にもかかわらず、日常業務のことを考えてしまうと一気に現実に引き戻され、タイピングをしてしまうと創造的な思考が止まります。普段、会議のメモは持参したパソコンで手早く済ませている人も、ことブレ**ストの際には「ＰＣ禁止」**をおすすめします。

アイデアは量にこだわってください。会議では模造紙や付箋紙、ペンやホワイトボードを使ってアイデアを出し尽くしてください。ファシリテーター（仕切り役）は「良いアイデアを出してください」と参加者を促すのではなく、「何でも良いからアイデアを出してください」と量にこだわったほうが結果的に良いアイデアが含まれている可能性が高くなります。

ブレストで一番厄介なのは「どんなアイデアも否定しない」という基本ルールを知ってか知らずか、ちょこちょこ口を挟んでくる上司の存在。アイデア出しが停滞するものの無下に無視することもできず…となるのを避けるには、言わずもがなと端折らずに**会議冒頭に基本ルールをしっかり「全員に」宣言する**のがポイントです。ホワイトボードに書き出したアイデアは丸ごと写真で記録しておきましょう。

100円タイマーの効果

26社の調査で「多くの会議が時間通りに終わらない」と回答する社員が60％以上もいました。事前に目的が決まっていたとしても、同じことを繰り返して発言する参加者や、対案を出さずに批判をし続ける上司などがいると、時間内に終わりません。特に、権限者が話し始めると忖度して誰も止められず時間だけが過ぎていく…。そんな場面に効果的なのは、100円ショップで売っているタイマーです。

開催者は会議の開始時に**「終了の10分前」にタイマーをセットして、時間になったら残り時間でアウトプット（目標達成）を確認しながら、次のアクションを決めます。**この100円タイマーを11社で導入したところ、9社で「時間通りに会議が終わるようになった」と答えた社員が70％を超えました。100円の投資で会議が時間通りに終われば投資対効果は高いですね。

ファシリテーターを育てる

ここまでの話から分かるように、会議時間と会議の空気をコントロールすることが時短と改善を両立させるためには重要です。その実行方法として100円タイマーやA24Bルールを紹介しました。この2つは言わば基本設計の部分なので、これをうまく運用するには、ファシリテーション能力が必要になります。これまでに対応した500社以上で、ファシリテーターとして明確な役割（職務）を与えられた社員がいたのは12社だけでした。78％以上の企業で「会議の進め方」を問題視しているにもかかわらず、9％の企業しか

「会議ファシリテーション」を学んでいませんでした。

ファシリテーターはいわゆる仕切り役で、時間の管理だけではなく、意見を出やすい状態にするために会議室の雰囲気をコントロールします。議論が脱線したら、そもそもの目的に立ち戻るよう促し、議論がよどんできたら他の参加者の意見を引き出し、時にはユーモアを交えて場を温めます。ホワイトボードの活用や議事録の状況確認、会議のアクションの確認も行います。このようにファシリテーターは多くのことを求められるので、開催者や司会者とは別に任命したほうが会議運営を円滑に進めることができます。社員全員がファシリテーターになる必要はないですが、**チームで1人、課で1人**がまず集中して教育を受け、その後、他のメンバーに横展開していくのが効果的です。

ある製造業のクライアントでは、会議時間を減らして成果を増やす「会議革命」を目指し、各部門で必ず1人は「会議ファシリテーション講座」を受けさせました。その後フォローアップも行い、会議参加者の満足度は履修前に比べて43%も上がりました。しかしながら、部長クラスが以前のような「昭和的」な会議の進め方に戻そうとしてしまい、履修3カ月後から徐々に以前の進め方に戻る会議が散見されました。そこで経営陣と相談し、部長クラスとその上の本部長クラスにファシリテーション講座の履修を強制したところ、一気に「会議革命」が進み、会議参加者の満足度が65％以上アップしました。現場に裁量権を渡すには、管理職の理解と行動が必要ということを再認識しました。

日程調整はオープンに

会議のスケジュール調整は時間も手間もかかります。イントラネットなどで社員のスケジュールが共有されている場合、厄介なのは正しいスケジュールを入れていないメンバーがいること。スケジュールが確定した後で「別件がある」などと再調整を求める人がいると、無駄な時間がどんどん積み重なってしまいます。**他人の時間を奪うことは、チームとしての時短の妨げ**になります。必ず予定を入力・公開しましょう。スケジュールの詳細が見えなくても、空き状況（予定あり／予定なし）が見えるだけでも効率が高まります。

訪問の約束や採用面接など、社外の人と日程調整する場合、お互いの都合の良い予定を2～3件出し合って、それでも合わなければさらに2～3件出して…といった具合にメールでやり取りすることが多いでしょう。メールだと待ち時間が発生し、なかなか先に進ま

biskett 日程をサクッと調整 https://biskett.me/

Outlook Mobile で「都合の良い時間帯の送信」方法

左から、

①「新しいメッセージの作成」から左下の「スケジュールアイコン」をクリックし「都合の良い時間帯の送信」を選択

②自分の予定表の中から 30 分刻みで空いている時間を選択

③メール本文に都合の良い時間の一覧が作成されます。

ず時間を浪費しがちです。

予定表の空き状況を社外に公開しているのであれば調整が簡単ですが、なかなかそういうわけにもいかない場合は、アプリやサービスを使って効率的に日程を調整しましょう。

Googleカレンダーを使っているなら「biskett」を使った日程調整が便利です。biskettにログインすると、打ち合わせやランチ、ディナー調整用のURLが発行され、メールやFacebook、LINEなどで相手に送れます。相手が候補日程の中から都合の良い日程を選択すると、自分のGoogleカレンダーに自動で予定が入り、調整が完了します。

会社で「Office 365」を使っているなら、スマホ用の「Outlook Mobile」かPC用の「Outlook on the Web」を活用するのがおすすめです。メール作成時に、自分の予定表を見ながら日程候補リストを簡単に作成することができます。

いったん対面できた後、一番早い日程調整は、対面時にお互いの予定表を見ながらその場で決めてしまうことです。同時に全員が作業をすれば、待ち時間は発生しません。**アナログも侮るなかれ**、です。

Ｗｅｂ会議は〝習うより慣れろ〟

海外拠点や地方拠点との接続のためにビデオ会議システムを導入している企業は５２８社のうち60％以上ありますが、68％以上の企業で「活用されていない」もしくは「あまり活用されていない」と答えています。ビデオ会議システムの場合、特定の会議室に設置されることが多いため、その活用頻度は落ちがちです。あるいは、経営者が「集まって話したほうがよい」などと一度でも発言してしまうと、会議システムは埃をかぶった置き物となってしまいます。

そんな中、その手軽さから普及が進んでいるのが、個々人のＰＣやタブレット、スマートフォンからインターネットを通じて参加する「Ｗｅｂ会議」サービスです。数千円のマイクやカメラがあればどこからでも会議に参加でき、一般的には利用量や利用者数に応じた課金なので、資産を必要以上に無駄使いすることもありません。遠隔拠点との会議だけではなく、顧客への提案、採用候補者との面談、全社員向けのセミナーなどで広く活用することができます。

しかしながら、全社員への普及には時間がかかります。これまでの対面式集合型会議という選択肢が残っていると、どうしてもそちらの「慣れた使い方」を選択してしまうのです。Ｗｅｂ会議は難しいという思い込みを持ち、自分自身の精神的なハードルを高めてしまう人も少なくありません。

あるコンサルティング会社では、都内で分散するメンバー同士の定例会議をＷｅｂ会議形式で行うように情報システム部門から指示が出ましたが、３カ月後には集合型の会議に戻っていました。現場のメンバーは生産性が上がり、使い勝手に満足していましたが、上司が一度だけうまく使いこなせなかったことがあり、その後「やっぱり元の会議に戻そう」という鶴の一声で元に戻ってしまったのです。

そこで、24社のクライアント企業で、「**強制Ｗｅｂ会議ウイーク**」を設定し、社長や役員も含めて特定期間の社内会議をすべてＷｅｂ会議形式に限定しました。どこから参加してもよいルールにしたので、自宅から参加する女性や、スタバから参加する外出中の営業担当、会社の会議室から参加する課長、出張先のホテルから参加する部長、といった感じで強制的に体験してもらいました。あるクライアント企業では社長によるオンライン朝礼をＷｅｂ会議で行いました。全国各地から参加した社員の皆さんは笑顔で溢れていました。

初めは情報システム部門の協力でセミナーをやったり、ガイドブックを作ったりして時間を費やしましたが、結果的には初めてWeb会議を使用した人の満足度は70％以上となり、「また使いたい」と回答する人は60％になりました。利用回数が増えれば増えるほど、満足度も再利用意欲も高まっていったのは驚きでした。これはまさに「習うより慣れろ」です。当初は抵抗していた役員も、顧客に対して「Web会議は便利ですよ、ぜひ使ってみるといいですよ」とすすめてしまうぐらいですから、経営陣を巻き込んで「体験学習の場」をつくることは、会社全体の行動と意識を変える上では重要だと思いました。利用者に振り返りの時間を持ってもらったところ、「今度はこんな形で活用してみたい」などのフィードバックが得られました。メンバーの意識と思考が変わった証拠です。

Web会議を成功させる「言語化」とマイク

集まって対面式で会議をするほうが慣れていて、空気や顔色を見ながら発言してきた人には、Web会議はとっつきにくいかもしれません。しかし、労働時間を少なくしながら毎年売り上げを増やしていかなければいけない状況では、全員が集まって会議をするという今までのやり方を変えて、より効率を上げていかないといけません。

しかしながら、慣れていないうちにWeb会議のトラブルがあると、その失敗経験が頭に残ってしまい、旧来の対面式会議に戻ってしまうことも多い。そこで24社のＷｅｂ会議浸透プロジェクトで明らかになった「よくあるトラブル」とその対処法について紹介します。

①「見えない」に対処

主催者が会議室にいて、出席者が自宅や外出先などからリモート参加する場合、会議室の様子や会議の資料が見えないために、議論にうまく参加できないというトラブルが発生しやすくなります。

まず、資料は参加者へ事前に共有しておくことが必須です。また、会議進行中に発言者はなるべく具体的に話しましょう。例えば、「このりんごは食べやすい」と言っても、それが見えていなければ大きさも色も分かりませんので、個々人の想像に頼ることになり、認識のギャップが生まれる恐れがあります。小さくて食べやすいのか、皮が剝いてあって食べやすいのかが分からないと、その先の議論が正しく行えません。

ですから、Ｗｅｂ会議の発言者は、**できる限り具体的に言語化する必要があります。**「このリンゴは食べやすいが売れていない」ということについての議論であれば、「このコンビニで売っている、切り分けた１００円のリンゴは売れていない」のように言語化することで、議論がスムーズに進めるようになるわけです。

また、会議資料やデザインなどの説明をする際には、Ｗｅｂ会議サービスにある「レーザーポインター機能」を使って、具体的にどのパートを説明しているのか明示してください。会議室のホワイトボードを使って議論するなら、Ｗｅｂカメラを使ってホワイトボードを映し出し、どのような議論が行われているのかをリモート参加者に見せてください。面倒な作業に見えるかもしれませんが、このような対処をしていれば、たとえ急遽参加することになったメンバーがいても議論ができ、移動時間なども有効活用できるわけですから、費用対効果は高い。クライアント企業での調査では、最初の5回でトラブルがなければ継続して活用する可能性が3倍以上高くなるとの結果が出ています。

②「聞こえない」に対処

「〇〇さん聞こえる？ えっ？ 聞こえてるの？ どっち？……」。このような経験が重なると、「もうやめよう」となってしまいます。音声が聞こえないのはＷｅｂ会議サービスの設定や通信回線の不安定さによるものが多いのですが、意外な落とし穴は「機器」です。マイク機器が音声を検知しないと音声データとして参加者に配信されませんから、確実に音声を検知するハードウエアが必要です。ＰＣやスマホの付属マイクでは品質が不十分ですので、**各Ｗｅｂ会議サービス会社が推奨している機器の準備をおすすめ**します。

私は会議室や自宅、ホテルから参加することが多いので「ゼンハイザー ＵＳＢスピーカーフォン SP 20 ML」を使用しています。マイクロソフトなどが認定するスピーカーフォンで、ＵＳＢでもマイクプラグでも接続ができ、３６０度全方位をカバーして、よく音を拾ってくれるので、相手にクリアに音声が伝わります。

③「うるさい」に対処

「ワンワン、ピンポーン」。よくあるのが騒音・雑音です。Ｗｅｂ会議は自宅や外出先から参加することが多いので、生活音が聞こえてしまうことが多々あります。犬が吠える声や、宅配便のお届けを知らせるチャイム音、カフェのＢＧＭなど、会議の集中力を下げる騒音・雑音は極力コントロールしたいところです。

Ｗｅｂ会議サービスではミュート（無音）設定ができますので、進行役がその**ミュート設定を使ってコントロール**するのがおすすめです。あまりにも雑音が何度も入るようであれば、その人をミュートにして発言の時だけミュートを解除したり、基本的に全員ミュートにして発言者だけチャットによる挙手でミュートを解除したり、会議の始めにルールを決めて円滑に進めてください。

「メールに新ルール！」編

皆さんはメールのチェック、返信に日々追われていませんか？　少し古い統計ですが、10年間でメールの通信量は4倍に跳ね上がったそうです。５００社以上の調査の結果、実に84％もの企業がメールの取り扱いに苦労していることが分かっています。そして、日々の稼働のうち12％をメール処理に費やしていることが分かりました。年々増え続けるメールに埋もれて大切な情報を見落とす、あるいは情報の検索に時間がかかるなど、大量のデータに翻弄されれば、生産性はガクッと落ちてしまう。メールの処理も目的を達成するための手段の一つです。サッサと効率的に片付けていきましょう。

「CC」のルール化で流通量を減らす

クライアント企業22社の調査で、メールのトラフィック（流通量）が増えている原因を追究しました。購読するメールマガジンや広告が増えてはいるのですが、最も影響を与えているのが「CC（Carbon Copy＝カーボンコピー）」であることが分かりました。

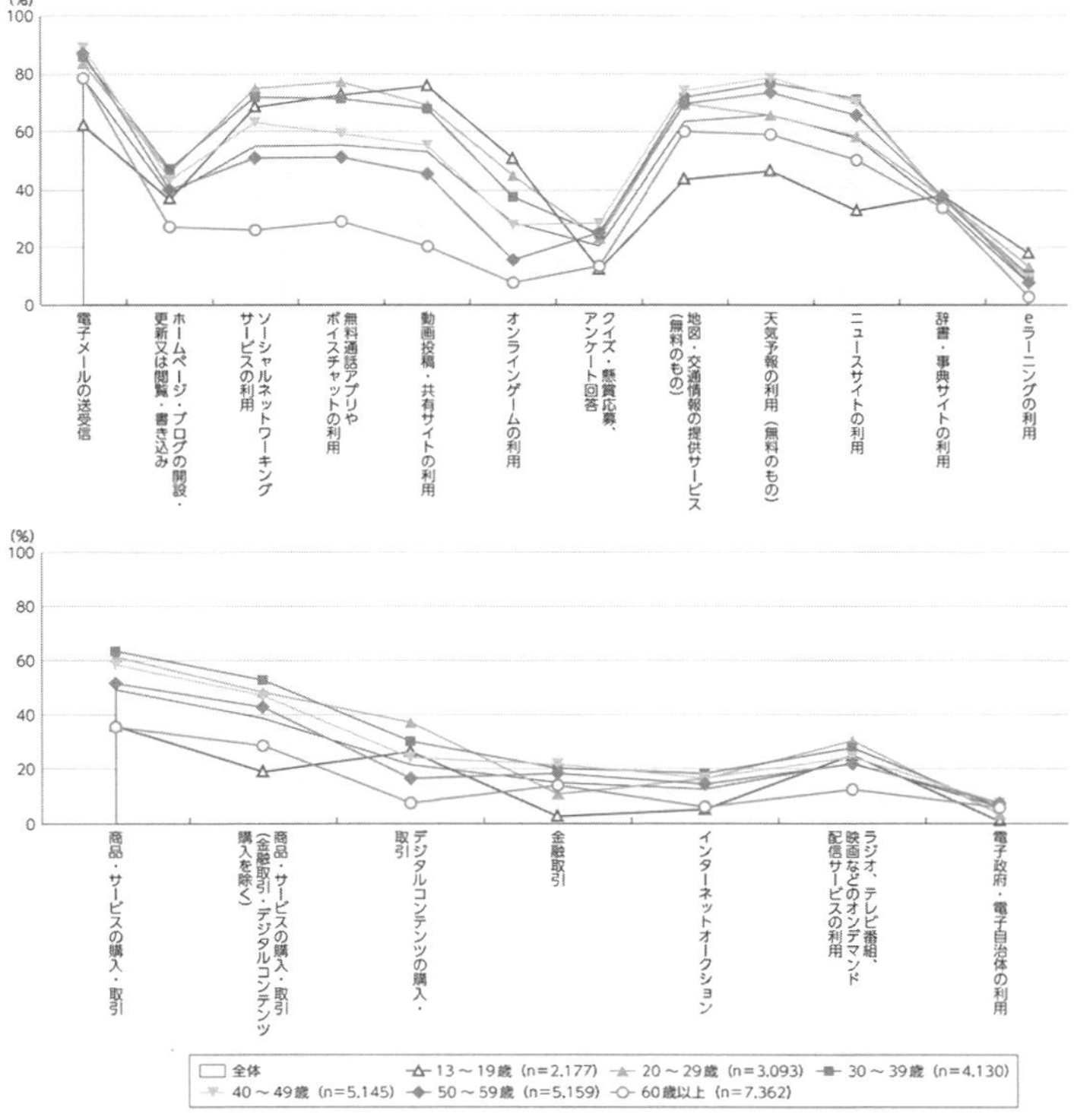

年齢階層別インターネット利用の目的・用途（複数回答）
（グラフ：インターネットの利用目的は、「電子メールの送受信」が最も多い）
http://www.soumu.go.jp/johotsusintokei/whitepaper/ja/h30/html/nd252120.html

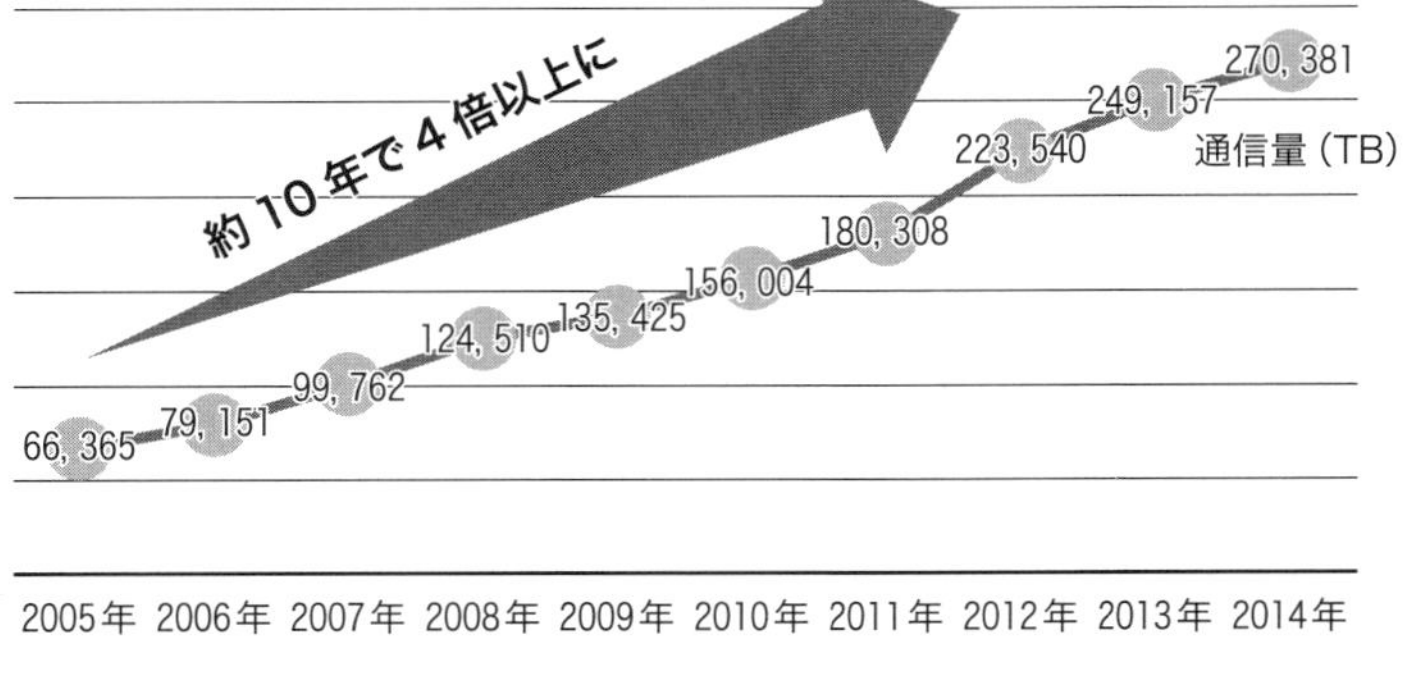

図：電子メールによる通信量の変化（総務省 情報通信白書 平成27年版より）

関係者や上長など〝必要そうな人〟をＣＣに入れていき、スレッドが伸びれば伸びるほどＣＣの人数が増え、トラフィックも受信も増えていきます。メールソフトでは自分宛てのＴｏメールなのか、参考情報のＣＣメールなのか判断がつかず一通り見ることになり、確認するメール数が膨れ上がっていきます。

26社の調査の結果、管理者（特にファーストラインマネージャーと言われる課長クラス）がＣＣに入れられることが最も多かったのですが、管理職側に聞いてみると「メールのやり取りの結果だけ知りたい」と答える人が35％、「確実に見なければいけないメールとそうでないメールを区別したい」と回答した人が63％を占めました。

ここまで見ると、「不必要なＣＣはやめるべき」という結論になるのですが、この「べき論」

を社員の皆さんに伝えても浸透しませんでした。何をもって必要・不必要とするのかの判断を結局、社員個人に委ねることになるからです。**定性的な指示は相手を具体的に動かすことはない**と再認識することになりました。

そこで、各クライアントの実験では、CCとタイトルの明確なルールを制定しました。会社全体のルールではなく、まずは部門ごとに決めてもらい、その後、会社のグランドルールをつくっていきます。

例えば、

- 営業目標の達成に5%以上影響のある重要案件の変化については、課長をCCに入れて、タイトルの冒頭に【変】を入れる
- 競合情報など参考情報を広く同報する場合はタイトルを【情】にして、CCは各課の代表だけにする
- メールのやり取りの最中にCCへ追加する場合は、その理由をメール冒頭で記載するなどのルールです。

これを2カ月実施し、効果があったものについては各課で継続使用、そして会社全体のグランドルールの検討事項としました。実際に14社8万人にCCとタイトルのルール化を徹底したところ、1人当たりのメール受信数は20％以上減り、管理職、役職者のメール受信数は28％以上減りました。このルールの適用によって、会議が増えたり上司からの質問が増えたりしたことはなく、業務に悪影響は出ていません。

開封率を上げるカタカナと奇数

マイクロソフトの「ＭｙＡｎａｌｙｔｉｃｓ」やマーケティング分析ツールなどを使って、クライアント16社７０００人の中で流通するメール７４８６通や、顧客向けのプロモーション用メール２８６４通を分析したところ、開封率の高いメールの特徴を捉えることができました。

それは、**タイトルの文字数が35文字以内で、数字（特に奇数）とカタカナが入ったもの**でした。35文字のタイトルは長いように思えますが、長くても興味を引くキーワードがあれば本文を読もうとします。ただ、短い時間で成果を出すには入力時間は短いほうが良いですし、端的に相手に伝わったほうが良いので、より短いタイトルを推奨しています。

総じて開封率が良かったのは、カタカナと数字が入ったタイトルです。数字は偶数よりも奇数のほうが開封率が高い。メール利用者にヒアリングしたところ、数字が入っていたほうが具体的で、奇数のほうが端的なイメージを持つようです。「3つの特徴」「5分で説明します」「成功する7要件」といった何か具体性のある内容をほのめかし、すべてひらがなよりも漢字を入れたほうが読みやすいのと同様に、カタカナが含まれていたほうがアクセントになり注目されやすいようです。「明日の会議の議題について」より「明日の会議アジェンダ」のほうが目に留まりやすく反応が良いのは、画数の多い漢字の羅列よりもカタカナが入ったほうが視認性が良く、視覚に残りやすいということでしょう。

本文は105字以内で

メール本文は105文字を超えると、閲読率が下がる傾向にありました。105文字の中に、重要な事項に絞って簡潔にまとめたメールが好まれるようです。しかし、書いてみると分かりますが、105文字はかなり短い。ですから、社内のメールなのに所属部署を長く記載するのはやめる、「いつもお世話になっています」とか「お疲れ様です」といっ

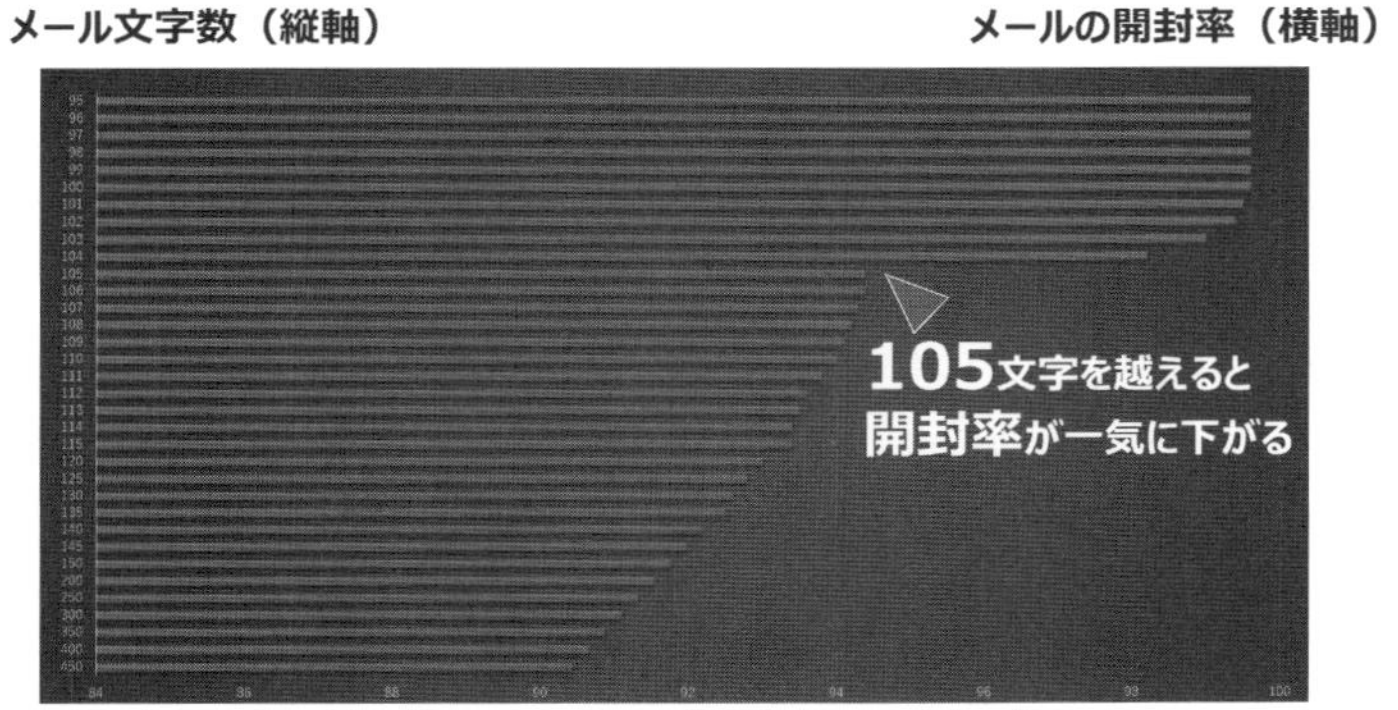

メール文字数（縦軸）　メールの開封率（横軸）

105文字を越えると
開封率が一気に下がる

図：Microsoft MyAnalytics やマーケティング・オートメーション・ツールによってメールの開封率を確認

た挨拶は省く、といったルールを導入することをおすすめしています。なるべく結論を先に持ってきて、相手に求めるアクションを具体的に記載して、相手の脳に情報を効率的に届けましょう。

どうしても長い内容になる場合も、冒頭の105文字で簡潔に書き、「詳細は以下をご覧ください」と記載して、その後の文章を示す形にすると、閲読率が良いことも調査から分かりました。

コミュニケーションは本来「相手に伝える」ことではなく、「相手に伝わる」ことが目的であり、開封されないと「伝わる」ことはありません。相手に合わせて重要なことに絞りコンパクトにまとめることがいかに伝わりやすいか、ということが分かれば、長文メールの作成に時間をかけることがいかに無駄な労力か、実感できるでしょう。

メールチェックは1・5時間に1回

スマホとクラウドサービスの普及で、いつでもどこでもメールを確認できるようになりました。これはメールトラフィックを増やす原因にもなっています。実際に皆さんの周りに、いつもメールをチェックしている人、会議中もずっとスマホのメール画面を見続けている人がいますよね？　すぐに返信すれば、すぐに解決することももちろんありますが、他の重要な作業を押しのけて即座にメールの返信をする必要があるのか判断しないうちに、反射的にメールが気になってしまう人も多いようです。

そこで、クライアント企業6社8553人に協力してもらい、どの頻度でメールをチェックするのが効率的かつ効果的なのかを実験をしました。まず通常の業務時間中、「1時間に3回以上」メールをチェックする人が65％もいました。

そこで、これまで通りにメールをチェックするグループをA、「1時間に1回」のメールチェックを心がけるグループをB、「1時間半に1回」のチェックを心がけるグループをC、「2時間に1回」のチェックを心がけるグループをDというように4グループに分けて、2週間行動してもらいました。繁閑の影響が出にくいように月の2週目・3週目の祝日がない週に、複数の職種で実験してもらいました。

実践後、参加者全員にアンケートを取ったところ、最も満足度が高く効果が高かったと回答したのは、グループCの「1時間半に1回のチェック」でした。

自由回答では、

「意外と長い時間、メールチェックしないでも大丈夫だった」
「今まで、メールがメールを呼んでいたことが分かった」
「緊急性が高く重要なものは（返信しなくても）電話がかかってきて問題なかった」
「重要だと言ってきたメールの多くは、後に重要でないことが分かった」
「感情的なメールはそっとしておいたほうが解決することが分かった」

など前向きな意見が目立ちました。すべての企業、すべての職種で「1・5時間ルール」が効くとは思いませんが、重要なことにエネルギーを注ぎ、また不要なメールを生まないために、**メールを見ない時間を決めること**は重要であると思います。

マネージャーがやるべき「送信予約」

いわゆる「働き方改革」において、中間管理職であるマネージャーのかじ取りが今まで以上に重要視されるようになりました。働く時間はこれまでよりカットして、これまで通り目標を達成する仕組みが必要とされる中、マネージャーに作業が集まり、平日に積もった作業を土日に処理しなければいけない状況が想定されます。

そうなると、マネージャーは業務指示も土日に行うことが多くなり、いわゆる「休日送信メール」が増えます。送信する側は休みのうちに送信しておいたほうが達成感があるので気が楽ですが、部下からすると、「休日メールを見ると仕事モードになってしまい、リラックスして休めない」という状況に…。28社16万人に行った調査でも、上司の休日メールを嫌がる社員は20%以上いました。

そこで、クライアント企業3社で「管理職の休日メール送信禁止」を2カ月実施しました。その後の調査で部下の満足度は一定数上がりましたが、管理職の満足度は下がりました。「月曜日にすべて処理するのは現実的に難しい」「ある程度、休日のうちに処理をしておきたい」という声が続出したのです。

そこで、管理職には「メール送信予約」を浸透させました。メールを休日に作成しても、**送信は月曜日に**行うというものです。Ｏｆｆｉｃｅ　３６５でＯｕｔｌｏｏｋを使用している管理職は、送信予約機能を使って特定の日時で送信するようにしました。すると部下と管理職の満足度がともに上がりました。

より短い時間でより多くの成果が求められる中では、自分のことだけでなく相手のことを考えてアクションを取らないといけません。管理職・リーダーは時間外作業を求めているかのようなメールの送信は避けるべきです。

Ｇｍａｉｌの送信予約も日本でリリースされました。かつてはＣｈｒｏｍｅ拡張や他のソフトを使わなければいけなかったのですが、これでＧｍａｉｌだけで実現可能になります。Ｇｏｏｇｌｅはユーザーが「書いた文章の続きをＡＩ（人工知能）が書いてくれる機能」を発表しており（日本語はまだ対象外）、さらなる進化が期待されます。

もちろん、大前提として管理職の時間外作業をなくすための方策が必要なことは言うまでもありません。

できる社員は日曜夜に先行チェック

クライアント企業18社のうち、各社の人事評価上位5％の社員3142人の調査・ヒアリングを行い、共通する行動や思考を見出しました。達成感を重視して金曜の夜に働きがいを感じることや、2週間に1回は作業を振り返って次の行動に活かしていることなど、80以上の特徴的な項目が出てきました。

その中で、上位5％の社員のメール処理方法を確認したところ、メールを見ない時間を決めていることや、メールの文章は短く、メールよりチャットを好み、返信が早いといった特徴が分かりました。

また、相対的に時間外の作業は少ないのですが、日曜日の夜だけはメールをチェックしていることが判明しました。「5％社員」は事前準備がその後の成果に大きく影響を与えることを理解しており、準備を大切にします。月曜から勢いよく1週間を始めようと心がけ、金曜の夜から週末にかけて受信したメールを**日曜の夜に確認し、月曜の行動計画を決**めているようです。日曜の夜にメールの返信をすると他者に悪い影響を与える可能性があることも理解していて、返信はしません。状況だけ理解しておいて翌朝にロケットスタートを切るようにしています。もし週末の間にトラブルや急用が発生した場合は、月曜は早く出社して対処し、大事にならないようにしているのです。

もちろん休日の仕事は推奨しません。ただ、日曜夜に数分だけメールを確認して月曜の準備をすることが、結果としてその後の時間浪費を抑えることにつながるのであれば、時間の投資対効果は高いのではないでしょうか。

クラウド添付でファイルを探す週41分をなくす

メールにエクセルやパワーポイントのファイルを添付するのは、相手のメールボックス容量を圧迫するだけでなく、情報を探すために相手の時間を何度も奪います。よくありませんか？　添付ファイルのバージョンがころころ変わり、どれが最新のファイルか分からないことが。「ｖ１（Version 1)、ｖ２、ｖ３…」くらいならまだしも、「semi-final→semi-final2→final→final2…」となると、もはやブラックジョークのようですが、このような添付ファイルを探す時間が22社12万人の平均で週41分もあったのです。

そこで、探す時間を減らし、かつ共同作業がしやすく、添付ミスによる事故も防げるクラウド添付を浸透させました。クラウド添付は、ファイル自体をメールに添付するのではなく、ＯｎｅＤｒｉｖｅやＤｒｏｐｂｏｘ、Ｇｏｏｇｌｅ Ｄｒｉｖｅなどのクラウドサービスにファイルを保存し、そのファイルの編集権限を持ったアクセスＵＲＬを共有する

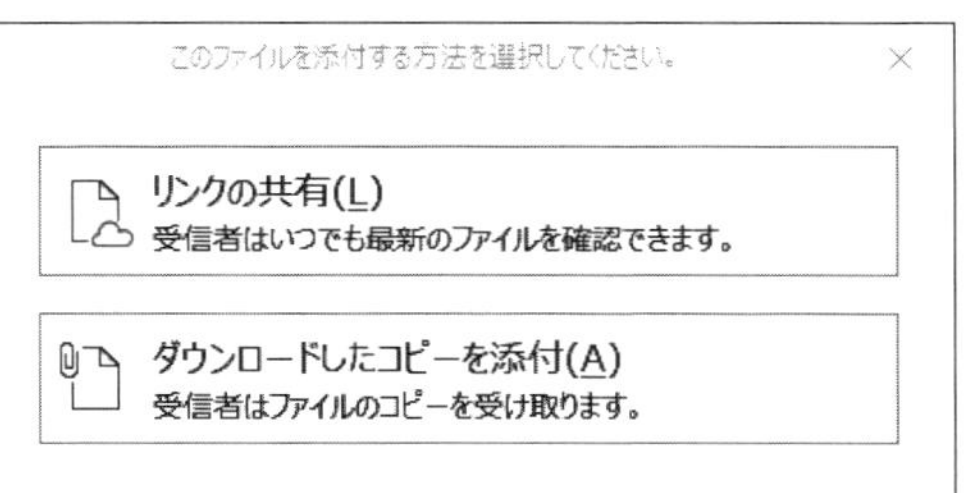
このファイルを添付する方法を選択してください。
リンクの共有(L)
受信者はいつでも最新のファイルを確認できます。
ダウンロードしたコピーを添付(A)
受信者はファイルのコピーを受け取ります。

Outlookのクラウド添付

仕組みです。このURLにアクセスすれば常に最新のファイルを確認でき、編集もできます。ファイル作成者は編集履歴を確認できるので、万が一間違えて編集されてしまっても元に戻せます。OneDriveとOutlookの組み合わせであれば、簡単にURLを共有することが可能です。

なお、バージョン2007以降のワードでは「元に戻す」ボタンで100回戻せるようになりました。パワーポイントは初期設定で20回しか戻せませんので、［オプション］＞［詳細設定］＞［編集オプション］から「元に戻すときの最大数」を100（最大で150まで設定可能）に変更しておけば、不測のトラブルも挽回できる範囲が広がります。

ファイルをクラウド保存しておけば、バージョン履歴を確認し指定のバージョンに戻すことができる

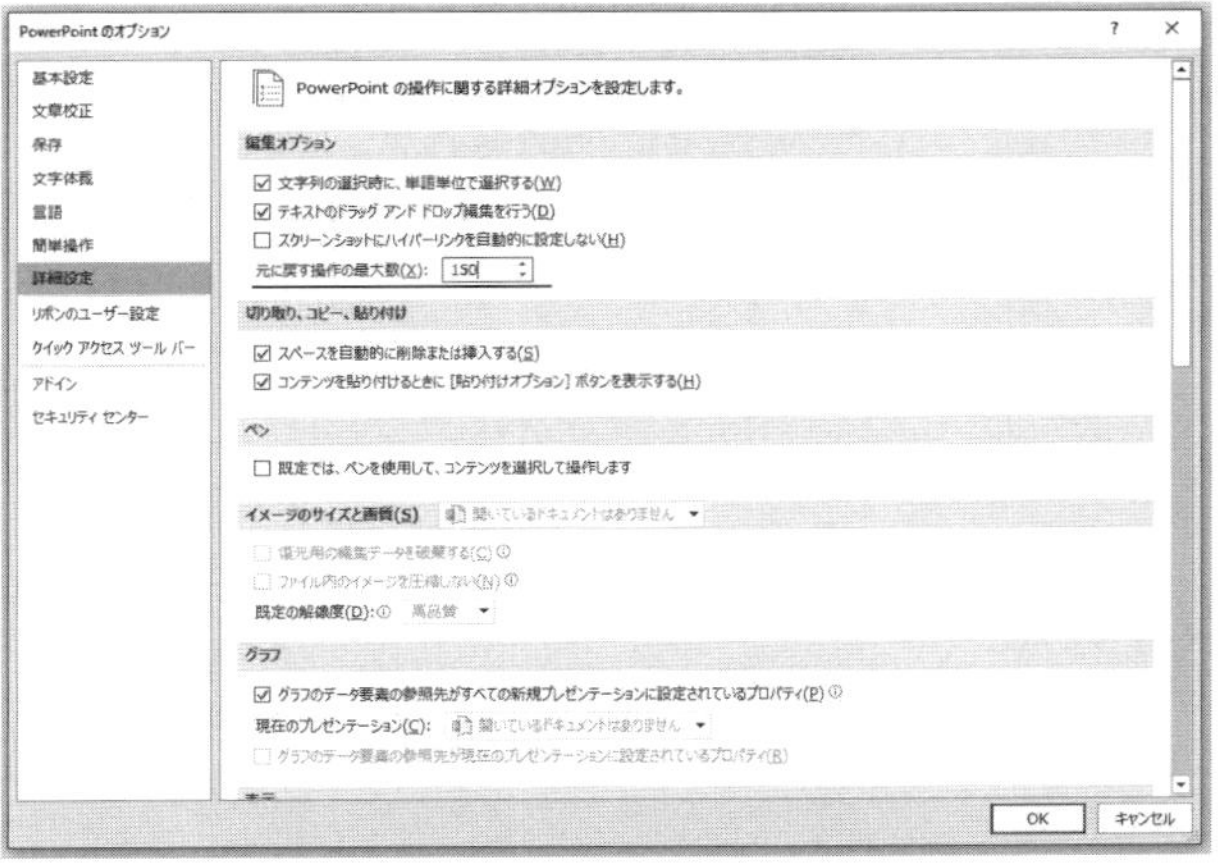

PowerPoint で最大 150 回「元に戻す」ことができるように設定変更

宛先を間違えて信頼を失わない「2分後送信」

とあるクライアント企業（ＩＴ企業）では顧客情報を自社の連絡帳と統合していて、メールの宛先に頭文字を入れるとアドレス候補が自動表示されます。メール送受信の頻度や最近の履歴を見て候補を出してくる「オートフィル機能」ですが、残念ながらそのメールが社内か社外という判断はないため、「sato」と入力すると社内の佐藤さんではなく重要顧客の佐藤常務が出てきてしまうことがあります。日頃は注意していても、残業して集中力が落ちた時に誤送信するような事故が多く、私も年に2〜3通ほど20時過ぎに誤ったメールが送られてきます。こういったリスク対策も含め、私は社内メールを廃止して、ビジネスチャットの導入をすすめています。

また、メールの誤送信を減らすために、2分後にメール送信する設定もすすめています。メールソフトでｏｕｔｌｏｏｋを使用していれば、仕訳ルールの作成で「2分後に配信」と設定できます。「1分後」に設定したクライアントもあったのですが、「2分後」のほうが誤送信を抑止できる確率が高く、特に業務に影響がなかったので、クライアント各社に推奨しました。

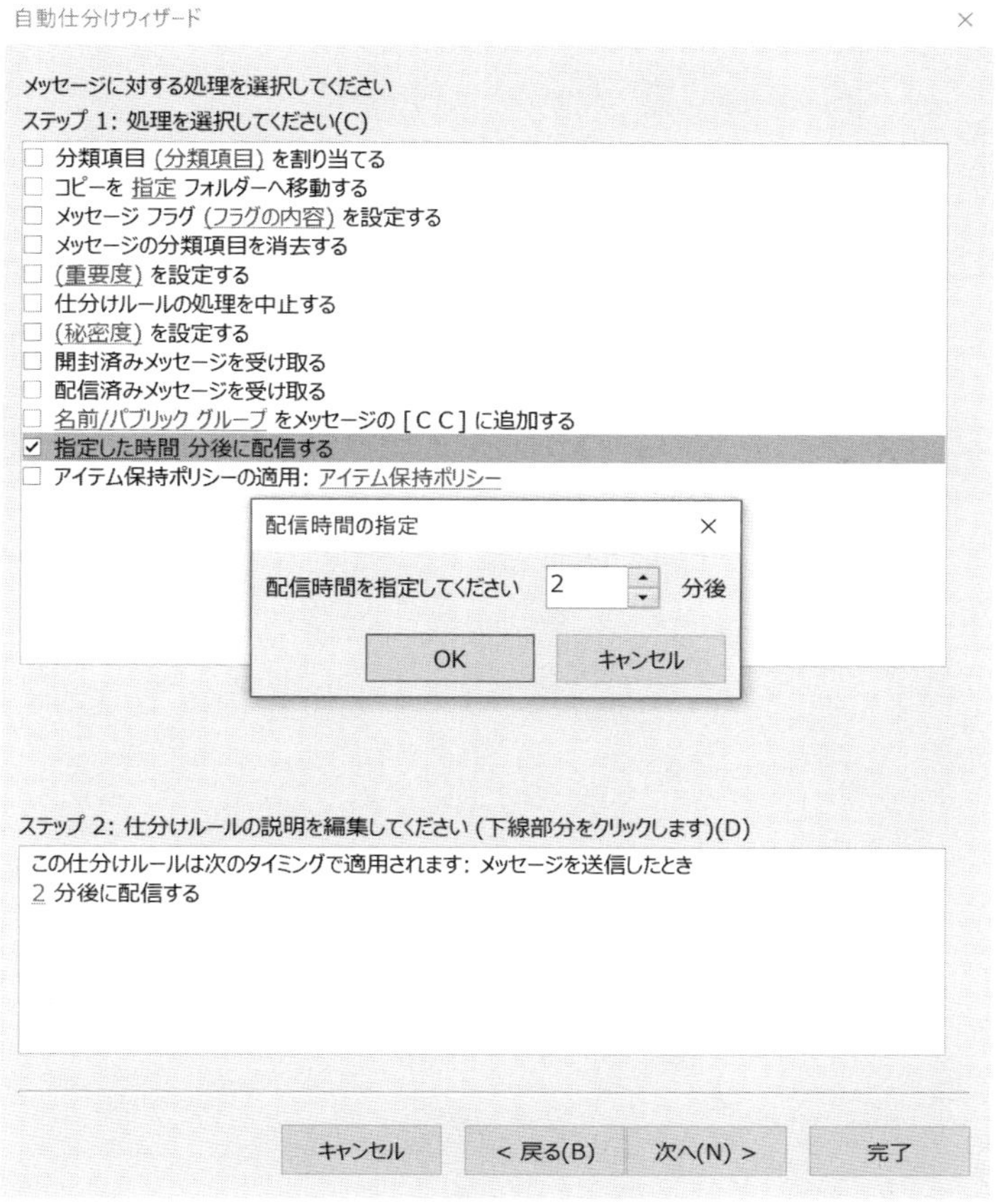

自動仕分けウィザード ×

メッセージに対する処理を選択してください

ステップ 1: 処理を選択してください(C)

- ☐ 分類項目 (分類項目) を割り当てる
- ☐ コピーを 指定 フォルダーへ移動する
- ☐ メッセージ フラグ (フラグの内容) を設定する
- ☐ メッセージの分類項目を消去する
- ☐ (重要度) を設定する
- ☐ 仕分けルールの処理を中止する
- ☐ (秘密度) を設定する
- ☐ 開封済みメッセージを受け取る
- ☐ 配信済みメッセージを受け取る
- ☐ 名前/パブリック グループ をメッセージの [C C] に追加する
- ☑ 指定した時間 分後に配信する
- ☐ アイテム保持ポリシーの適用: アイテム保持ポリシー

配信時間の指定 ×

配信時間を指定してください 2 分後

OK キャンセル

ステップ 2: 仕分けルールの説明を編集してください (下線部分をクリックします)(D)

この仕分けルールは次のタイミングで適用されます: メッセージを送信したとき
2 分後に配信する

キャンセル < 戻る(B) 次へ(N) > 完了

自動仕分けウィザード ×

新しい仕分けルールを作成します。テンプレートを利用できます。

ステップ 1: テンプレートを選択してください(S)

メッセージの整理

- 特定の人から受信したメッセージをフォルダーに移動する
- 件名に特定の文字が含まれるメッセージをフォルダーに移動する
- パブリック グループに送信されたメッセージをフォルダーに移動する
- 特定の人から受信したメッセージにフラグを設定する
- 特定の RSS フィードから RSS アイテムをフォルダーに移動する

情報の通知

- 特定の人からのメールを受信したら、新着アイテム通知ウィンドウに表示する
- 特定の人からのメッセージを受信したら音で知らせる
- メッセージを受信したら、自分のモバイル デバイスに通知を送信する

新しい仕分けルールを作成する

- 受信メッセージにルールを適用する
- 送信メッセージにルールを適用する

ステップ 2: 仕分けルールの説明を編集してください (下線部分をクリックします)(D)

この仕分けルールは次のタイミングで適用されます: メッセージを送信したとき

キャンセル　< 戻る(B)　次へ(N) >　完了

〈Outlook で「2分後送信」に設定〉
ホーム画面→移動メニュー内の「ルール」→「仕分けルールと通知の管理」から「新しい仕訳ルール」を選択
「新しい仕分けルールを作成する」から「送信メッセージにルールを適用する」を選択して「次へ」。ステップ1「条件」は何も選択せず「次へ」
ステップ1「処理」で「指定した時間 分後に送信」を選択し、ステップ2で指定時間を「2」と入力して「OK」で完了

「メール見ていますか？」をやめる

世界でも最も無駄なメールは「メールを見ていますか？」というメールです。冗談はさておき、メールの弱点は非同期であること。つまり、相手が応答するまでの待ち時間が発生することです。また不在の相手に電話をかけ続けるのも非効率です。相手と確実に連絡を取り、スピード感を持って事を進めるために、チャットを推奨しています。企業向けのビジネスチャットはログ（会話履歴）が取れて、社内のディレクトリ（連絡帳）や様々なアプリと連携が取れるので、安心・快適に使えます。

何よりも便利なのはプレゼンス（在席状況）です。連絡を取りたい相手がオンラインであればチャットですぐに捕まえて返答を求めることができますし、休暇中のプレゼンスであったらメールや電話はせず、出社した時に連絡を取ります。このプレゼンスを確認してからコミュニケーションを取る方法は受け側も快適です。帰宅後や休暇中に緊急度の低い連絡が来ることはなくなります。その一方、緊急度や重要度が高いメッセージを逃さず、すぐに対応できます。メッセージの削除もできますので、誤送信や誤字も挽回できます。

そして時短に最も効果があるのは、メッセージ入力時間の短縮と同報連絡の縮小です。

チャットであれば畏まった文体の必要はなく、所属部署の説明や季語の挨拶なども要らないので「今いいですか？」と短文で会話を始められます。また、メールよりも一斉同報メッセージが減り、重要なメールは社内ポータルなどに掲示するようにすれば、メールほどのトラフィック（流通量）を生みません。28社のコンサルティングをする中で26社にビジネスチャットを導入しましたが、導入後2カ月でメールのトラフィックが25％減り、メールもしくはチャットを処理する時間は18％減りました。相手のプレゼンスを見て最適な手段を選んでコミュニケーションしますので、連絡が取れる可能性が高まり、かつメッセージ入力時間もメッセージを見る時間も減る。質を高めながら量を減らすことができるビジネスチャットは企業の必須ツールになるでしょう。

チャットでスピードを高める

仕事を離れたプライベートで我々のコミュニケーションは電話からメール、そしてSNSへと変化してきました。相手を限定した1対1のやり取りだけではなく、1対N（複数）のグループのやり取りも快適なSNSの利用が拡大しています。

ビジネスにおいても複数のメンバーを巻き込んで確実かつ効率的にコミュニケーション

を取る必要がありますから、ここでもビジネスチャットというツールは有効です。チャットはただ単にテキストを送るのではなく、ビデオ通話やファイル交換、資料の共同作成やプロジェクト管理もできるのが利点です。

しかしながら企業内では「メールのほうが楽」「複数のツールをチェックするのは面倒だ」「急ぎならば電話すればいい」というように固定観念に縛られ、デメリットを主張し、既存の使い慣れた手段から離れない抵抗勢力も出てきます。でも、新しい挑戦をしていかないと変化に対応できず、ゆでガエルになってしまいます。

そこで、クライアント26社でビジネスチャット普及のプロジェクトを進めてみました。しかし、当初はなかなかうまくいきませんでした。コミュニケーションツールは、これまでの手段を残すと新しいものに移れないのです。20年前に通信会社でインターネットサービスの営業をやっていた時に、「社員個人にメールアドレスを持たせて、それを名刺に記載すれば顧客とのやり取りが効率的になります」と提案して回りましたが、4分の1くらいの顧客に「うちはFAXがあるから大丈夫」と断られました。おそらくもっと前はFAXの営業に行ったら「うちは電話があるから大丈夫」と言われていたのでしょう。

「行動を変えて、意識を変える」というのが私のモットーですから、クライアント各社に一定の期間（1週間や半日などの適切な期間を設定）、社内メールを禁止してすべてビジネスチャットのみ利用可という実験をしてもらいました。開始前は文句を言う社員が多かったのですが、時間が経つにつれて「意外といいじゃないか」という声が増えました。弊社でも基本的に社内のメールは禁止して、Ｃｈａｔｗｏｒｋなどを使っています。

ビジネスチャットツールの大手Ｓｌａｃｋ Ｊａｐａｎの調査では、チャットを導入した１６２９社で社内メールを平均49％も減らすことができ、会議も平均25％減り、生産性は平均で32％も向上したそうです。ビジネスチャットもWeb会議同様に、**習うより慣れろ**、です。

「伝わる資料を作成！」編

水が飲みたい人にコーヒーを出してはいけない

16万人超の働き方改革支援をしている中で、凝って派手な資料を目にすることがあります。「越川さん、この資料すごいでしょ！」と自慢げに見せてくる資料ほど、数時間かけ

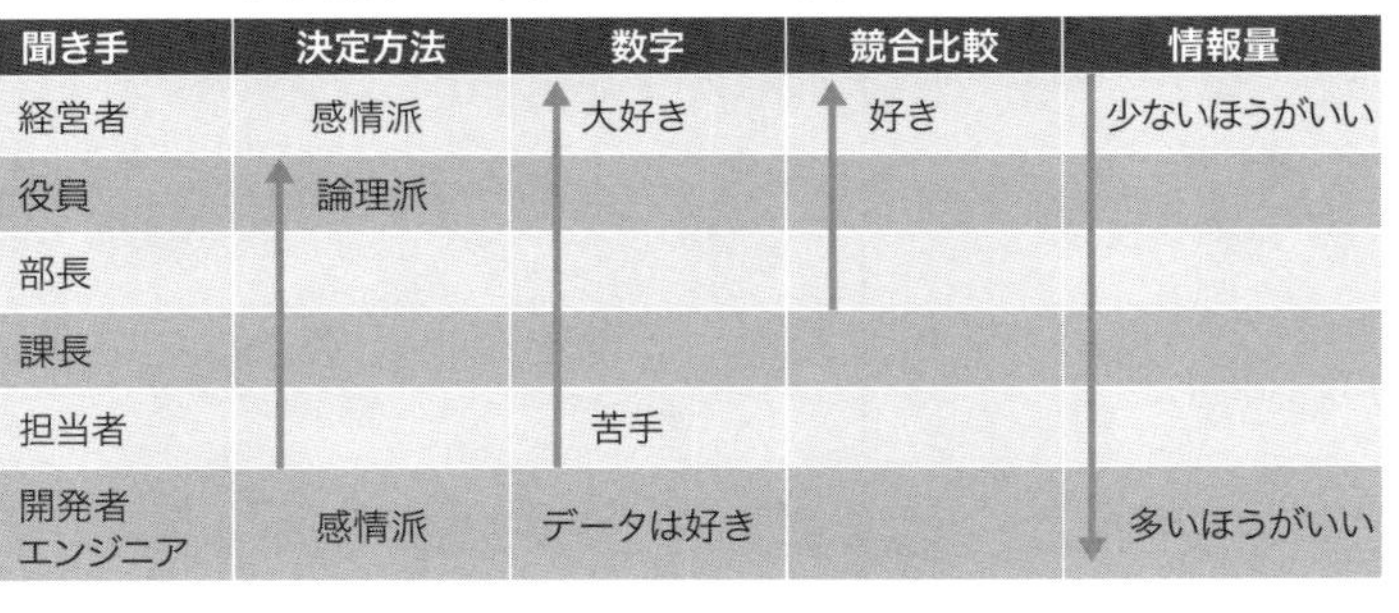

ターゲット志向

水が飲みたい人にコーヒーを出してはいけない

聞き手	決定方法	数字	競合比較	情報量
経営者	感情派	大好き	好き	少ないほうがいい
役員	論理派			
部長				
課長				
担当者		苦手		
開発者 エンジニア	感情派	データは好き		多いほうがいい

て作成したもの。私がパワーポイントビジネスの元責任者であったことを知っていて、苦労して作った資料を認めてもらいたい！という人も多くいます。

しかし、その期待に反して、私はこのように返します。

「その資料で人は動きましたか？　プロジェクトは進みましたか？　それが分からないと、すごいかどうか、分かりません」

とてもドライな対応ですが、「正しい時短」を指導する立場としては、かけた時間とそれに応じた成果が出ているかを冷静に判断しないといけない。というのも、パワーポイントの資料は、得てして作ることが目的になってしまうことが多く、それが長時間労働の温床となっているからです。

資料作成はあくまで手段。目指すべき目的は資料を通じて**相手と共鳴して思い通りの行動を誘発する**ことです。社内会議では合意や意思決定を促し、顧客向けには相互理解や契約締結を勝ち取るのが目的。ですから、その目的を達成する資料でないと時間をかけても意味がありません。

資料作成の時間をかければかけるほど成果が大きくなっていくなら、すごく凝った資料を作り続ければよいのですが、そうではありません。提出先のことを忘れてパワーポイントにかぶりついていてはいけないのです。猛暑の中で冷たい水を飲みたい人にホットコーヒーを出してはいけないのと同じです。相手が何を欲していて何をすれば動いてくれるのかをしっかり理解した上で資料作成をしましょう。

図は、意思決定者826人にヒアリングして分かった各属性の嗜好です。こういったアウトプットを意識して、資料作成というインプット作業を行わないといけません。

伝える、ではなく、伝わる

クライアント各社から5万枚以上のパワーポイントのスライドを収集し、文字数や色、図形の有無などについてパターン分析しました。そして、**なぜ人が動いたのか**を理解するために各社828人の意思決定者（50万円以上の予算を持っている権限者）に対面ヒアリングとWebアンケートを行い、いくつかのパワーポイント資料のパターン比較（A／Bテスト）と、自身の意思決定に影響を与えた資料の提示を依頼し、その結果をAIで解析して、**人を動かす資料の特徴**をまとめました。もちろん資料の中身が重要なのですが、デザインの特徴だけ見ても、資料を作成する上で、とても役立ちます。意思決定者は以下のようなコメントを多くしていました。

・「分かりやすい資料がいい。受け手が理解するのにエネルギーを使わない、疲れない資料」
・「文字ぎっしりは、見る気を失う」
・「大切なことに絞った資料」

結局、響いた資料は当然ながら「受け手にとって重要なことに絞った資料」でした。

調査結果を基に導き出された「人を動かす資料」の基本フォーマットは、**1スライド内の文字数は105文字以内、カラーは3色以内**となりました。

具体的には、

・1スライドに1メッセージ
・相手に求める具体的なアクションが記載されている

- まとめスライドがある
- 5スライドに1枚は画像もしくは動画を入れる

という特徴でした。

多くの人はどうしても「伝える資料」を作りがち。限られた時間でできる限り多くのことを伝えたいので、必然的にスライド内の文字数が多くなり、それを根拠のない自己満足のデザインでまとめた凝った資料を作ってしまう…。伝える資料ではなく「伝わる資料」を目指しましょう。

「白」で視覚をコントロール

人は五感を通じて情報を脳に取り込みます。より長くそして鮮明に覚えてもらうには、視覚を通じて情報を入れるのが効果的であると昔から言われています（出典：『産業教育機器システム便覧』1972年）。そこで、資料も相手の視覚を意識して、伝わってほしいことに誘導するようにしたいところ。先ほど説明した分析の結果で導き出した「1スライド105文字以内、カラー3色以内」であれば、スムーズに相手の脳の中に入っていくわけですが、具体的な色はどうしたらよいのでしょうか。

調査の結果、意外と赤文字では誘導できず、彩度が高い色だとむしろ見にくいようで敬遠されがちです。黄色やオレンジもアクセントカラーとして使われがちですが、スライドの中でこれらの色が占める割合が多いと、目がチカチカして集中できず、アクセントになりません。

検証の結果、最も視覚を誘導できたのは、意外にも「白」でした。伝わってほしい情報の**周りに余白を増やし、黒い背景に白抜きの文字を使う**ことが、最も効果的に相手にインパクトを残していたのです。

試しに、既存の105文字を超える資料を修正することなく、その資料の中で重要な文字だけを切り出して別スライドにして「黒背景の白抜き文字」で強調したところ、相手の印象に強く残すことができました。白抜き文字で結論を伝えて、詳細は次のスライドに記載してあります、と導くと、伝わってほしいことがしっかり伝わったのです。

まず**伝わってほしい結論を目に入れて、そこから詳細説明に視線を移す**。このルールを頭に入れておけば、デザインをどれにするか悩む時間は減り、何が最も重要なのかを考え抜く時間に割り振ることができます。

手書きスタートで作業時間を減らす

資料を作る際には、すぐにパワーポイントを立ち上げるケースが多いようです。頭の中で考えた内容をそのままスライドに吐き出すというパターンです。ただ、パワーポイントは様々な機能があり、色々と凝ってしまいがち。またテキストや図形をぴったりに合わせようとして頭よりも手を動かすことに注力してしまいがちです。

そこで、パワーポイントを立ち上げる前に、手書きでシナリオを書くことを推奨しています。先に手書きをして頭を整理してからパワーポイントで資料を作成し始めたほうが、結果的に効率が高くなります。なぜこの資料を作っているのか、どうやったら相手が思い通りに動くのか、スライド10枚でどうやったら伝わるのか…といったストーリーをまず考える。PCやスマホの作業は「考える脳」が止まりやすいので、メモ書きでアイデアを出し尽くすのがおすすめです。気分を変えるために、近くのカフェや図書館など脳をリフレッシュできる場所に出向いて資料のストーリーを考えてみてはいかがでしょう。

下準備

・まず初めは PowerPoint を使わない→脳が止まりやすい
・Word や手書きでアイデア出し、全体像を構成→ PPT 作成

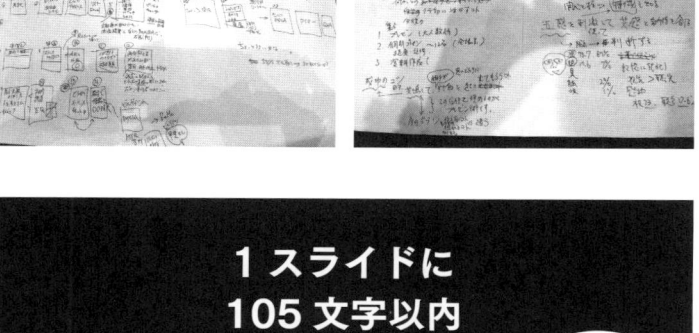

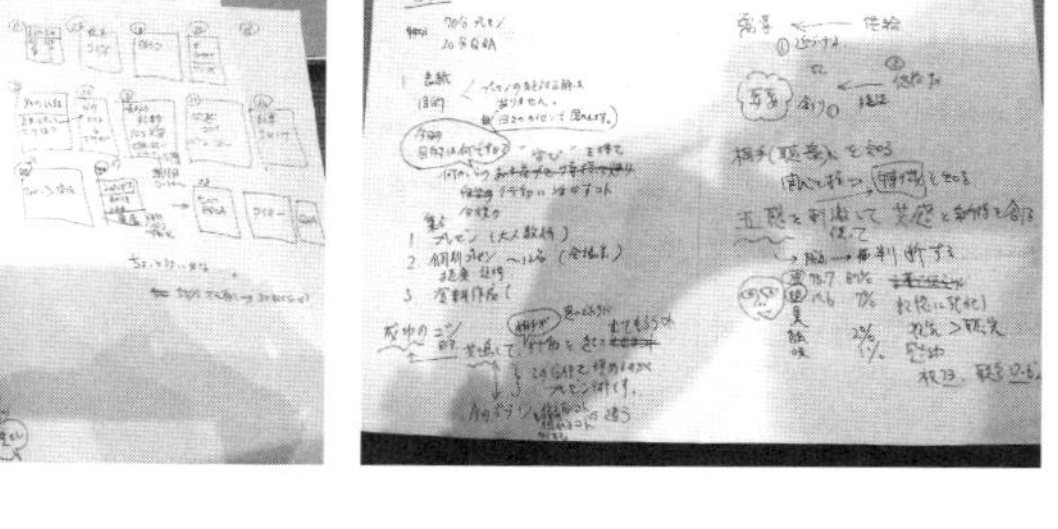

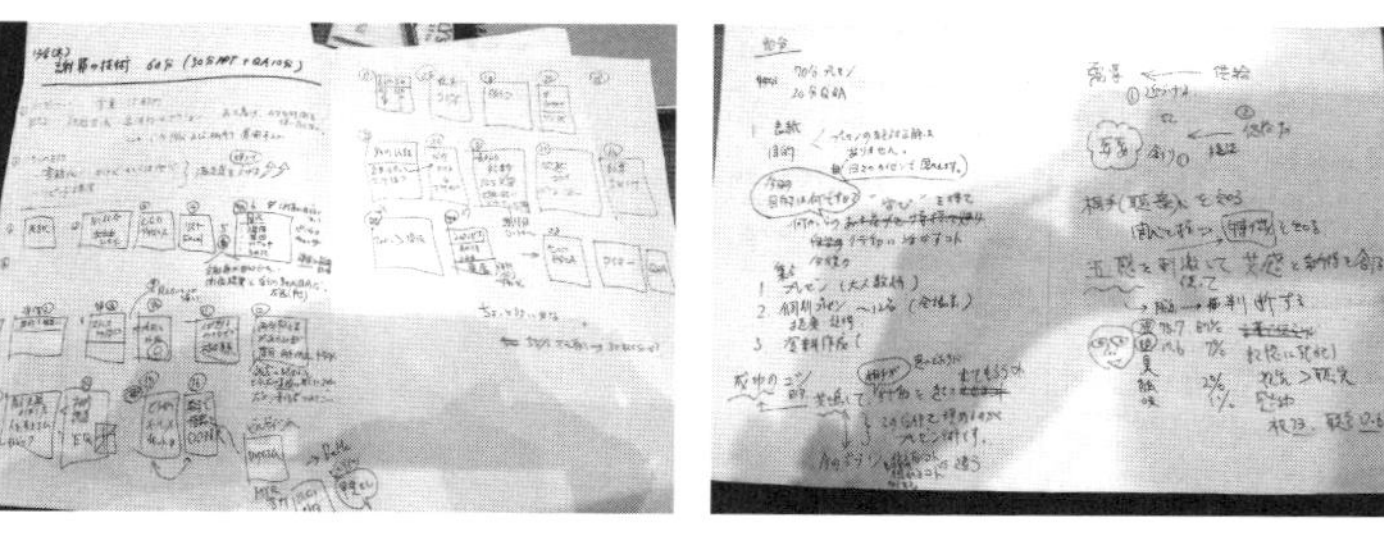

20％時短で商談成功率が22％アップ

「105文字・白抜き・手書きスタート」を、実際にクライアントのITおよびコンサルティング企業8社4500人に実践してもらいました。このルールに基づいて既存の提案資料を刷新し、顧客に提示することを2カ月にわたり実践したところ、同じコンテンツにもかかわらず、商談成約率が22％も上がったのです。

そして顧客から高評価を受けた資料をテンプレート化して使い回したところ、資料の作成時間が20％以上減りました。成果が22％アップ、作成時間が20％ダウン、これが目指すべき資料作成の時短です。

差し戻し撲滅「フィードフォワード」プロジェクト

なぜ長時間労働が生まれるのかを掘り下げていった際に、「トラブル対応」と「差し戻し」というキーワードが出てきました。トラブルへの緊急対応は事前に対応手順を整えておくしか対処策がありませんが、差し戻しは「削減」が可能です。

やり直し作業は大量の時間とエネルギーを奪います。差し戻しはネガティブ・サプライズ（想定していなかった悲しい驚き）ですから、作成者のモチベーションが落ちます。その状態で作業をし直しても効率が悪く、余計な稼働時間がさらに長くなります。

対策は、**完成度20％の資料を提出先の人に見てもらう**こと。先に提出者からフィードバックをもらうので、「フィードフォワード」と名付けて実行してもらいました。差し戻しを防ぐことが目的ですが、提出先とのコミュニケーションの機会が必然的に増え、内容の充実にも寄与しました。

また、この差し戻しプロジェクトが成果を上げるようになると、副次的な効果も表れました。初期に反対していた人も含めて、参加メンバー同士の建設的な会話が多くなり、さらなる付加価値をどうしたらつくり出せるかなどについて話し合う機会が増えました。さらに、差し戻し撲滅プロジェクトの他にもこのような方策があるのではないかと探索するようになりました。

プロジェクトに参加したクライアント企業3社では、新たな業務改善プロジェクトが立ち上がり、さらに無駄を省くことに成功しています。

マルチディスプレイで効率を上げる

様々な資料から情報を抜粋してまとめる会議資料の作成には、マルチディスプレイがおすすめです。古いデータですが、情報処理学会で公表された研究（「大画面ディスプレイ・多画面ディスプレイの導入による業務効率化の測定」富士ゼロックス株式会社研究技術開発本部　柴田博仁　２００９年）によると、ディスプレイ1台で業務を行うよりも2台にしたほうが13・5％の効率アップにつながるそうです。米国では２００９年にペディー・リサーチが複数モニターのユーザーは平均42％の生産性向上が見込まれると発表しました。

ディスプレイを複数化もしくは大型化することで、ユーザーはさらに多くのウィンドウを作成および管理できるだけでなく、より複雑なマルチタスク動作に取り組むことができます。マイクロソフト・リサーチの調査（２００４年）では、デュアルディスプレイは平均してすべてのユーザーのパフォーマンスを向上させる、特に女性のパフォーマンスが大幅に向上したと発表しています。

〈昇降可動式スタンド〉１日に座る時間が７時間を超えると、１時間増えるごとに早死のリスクが5%増すというデータも

私の作業環境：マルチディスプレイ

業務効率や生産性を定量的に測ることは難しいものの、2画面（デュアルディスプレイ）で作業を行っているクライアント企業の社員800人にアンケート調査をしたところ、「より短い時間でより多くのことができるようになった（＝作業効率が高まった）」と答えた人が86％、「作業ストレスが減った」が78％といずれも高い評価を得ました。追加のディスプレイを導入するのにコストは発生しますが、作業効率が高まり社員のモチベーションにつながるのであれば、投資対効果は高いと考えます。

「移動も時短！」編

Google Mapをフル活用

打ち合わせなどのために外出するなら、地域や時間を集約させたほうが効率的です。訪問アポイントメントはなるべく寄せ集めて、自分でコントロールできる時間を増やしましょう。限られた時間で多くの顧客を訪問し、多くのことをこなすには、ITサービスが強い味方になります。

アポイント先までの移動経路・移動時間をスマホのＧｏｏｇｌｅ Ｍａｐで調べる人は多いでしょう。Ｇｏｏｇｌｅ Ｍａｐのモバイル版では、経路検索した結果を予定表に簡単に反映できます。移動する時々に調べるのではなく、事前に検索して登録しておくのがおすすめです。

10分前にアラームが出る設定にしておけば、つい訪問先で熱くなってしまっても引き上げるタイミングを確認して、次の訪問に支障が出ません。私も予定が詰まっている時はあえてスマホのアラームを参加者に気付かせて、退席するタイミングを見計らいます。Ｇｏｏｇｌｅ Ｍａｐでは乗換通知の設定もできますので、スマホで仕事をしていたらついつい乗換駅を過ぎてしまった、というミスも防げます。

同じ作業を何度もしないことが時短の鉄則ですから、自宅と職場は事前に登録しておき、すぐに検索できるようにします。職場を事前登録するのは道路の混雑状況を見るためです。車で通勤する方、タクシーで移動する方はこの混雑状況を見てから出勤するほうがリスクを避けることができます。

基本的には鉄道やバス、社用車（営業車）で移動する人が多いと思いますが、都市部で即座に移動する際などには適宜、タクシーもうまく利用したいところ。鉄道やバスより料金は割高になりますが、車内で打ち合わせや作業ができ、鉄道の乗り換えが多かったり、駅から離れたアポ先への移動なら、時間やエネルギーの節約にもなります。

もし、ＪａｐａｎＴａｘｉが使えるエリアであれば、スマホで事前に予約して、訪問先のビルの前で待ち合わせ、次の訪問先へ向かうと、いちいちタクシーを探す時間が省けます。こういった予約アプリは到着先を事前にセットできますので、ドライバーに細かい説明をしなくても済み、タクシー車内で作業に集中することができます。

コワーキングスペースで多拠点化

次のアポイントまで時間の余裕がある場合、訪問先の近所のカフェやファストフード店で簡単な作業をする人も多いでしょう。効率を重視するならコワーキングスペースの利用をすすめます。電源とＷｉ－Ｆｉがあり、静かで仕事に集中できますから、狭いカフェで肩身の狭い思いをしながら仕事するより圧倒的に効果的です。事前に利用可能なスペースを検索・予約しておけば、無駄な時間を省き、ひと作業済ませることが可能です。

コワーキングスペースについては、会社単位で契約し、活用する例も増えています。弊社クライアント企業の約6割は大手企業ですが、社内の会議室が埋まっていることが多く、コワーキングスペースを顧客との打ち合わせに使うケースも増えています。実際22社ではコワーキングスペースの採用により、移動コストが年間5％以上削減し、顧客への接点が28％増え、74％の社員が満足していると答えています。

当社では情報共有の会議は禁止にしていますが、アイデア出しや戦略を決める際にはコワーキングスペースを使っています。いつも利用している「Ｂａｓｉｓ Ｐｏｉｎｔ」では勉強会や講座にも参加して個々のスキルアップと人脈づくりにつなげています。

コラム

「ミニマリスト越川」のカバンの中

・**軽量ノートパソコン**：「Let's note」を世界中に持ち歩いています。軽くて丈夫で、データ通信用SIMカードが内蔵で、モニターに接続できるインターフェース（VGAとHDMI）があるものを選ぶと、これが最強でした。また自分の働き方を可視化できる「しごとコンパス」（法人向け商品）が使えるのも決め手になりました。ACアダプターが小さいのも気に入っている点です。

・**ミニマウス**：資料作成などで生産性を高めるために、モバイルマウスを持ち歩いています。エレコムのワイヤレスマウスは100g未満でコンパクトに収納できて便利です。

・**プレゼンリモコン**：コクヨの「黒曜石」を愛用。これがあればプレゼンをクールにこなすことができます。

・**最新スマホ**：最新のテクノロジーに触れていれば、新たな時短アイデアも生まれてきますから、最新のスマホに毎年買い換えています。動作が遅くてイライラしたり、書きかけのチャットが落ちてしまったらエネルギーの無駄ですから、ハイスペックな機種に投資しています。

- **名刺入れと財布は一緒**：「Apple Watch」で「Apple Wallet」を使っているので、ほとんど現金を使うことがなくなりました。クレジットカード1枚と多少の現金があれば十分なので、名刺入れと財布を併用しています。
- **Qrio**：家の鍵は「Qrio」を使っているので持ち歩きません。iPhoneでもApple Watchでも解錠できます。置き忘れたらどうするんだ、と言われるかもしれませんが、キーケースだってなくす可能性はありますし、iPhoneとApple Watchの2台あれば鍵を1本持ち歩くよりなくす心配は少ないでしょう。
- **服はサブスク**：ビジネスシーンで着るジャケット、パンツ、シャツは月額レンタルの「leeap」を使っています。洗濯要らずで、バリエーションも増えて、気に入ったら買い取りもできるから便利です。
- **オフィスなし**：オフィスを借りていたのですが、やめました。コワーキングスペースで作業と話し合い、接客をすることにしました。「Spacemarket」を使って全国各地の貸会議室を借りてクライアントと打ち合わせすることもあります。

世界中に連れまわす Let's note

定番のコクヨ黒曜石。操作しているところを見せずに説明に合わせてスムーズにスライドを送ります

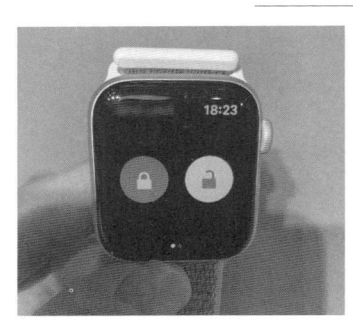

Qrio で鍵要らず

秘書なし：かつては秘書を雇っていたのですが、オンライン・アシスタント・サービスの「ＣＡＳＴＥＲ　ＢＩＺ」へ完全に切り替えました。チャット越しに依頼すれば優秀なアシスタントが対応してくれます。会社の代表番号は月１万円の「Ｃｈａｔｗｏｒｋ電話代行」を利用しています。代表番号に電話が入れば代わりに受けてくれて、その内容をチャットで教えてくれます。

第１章まとめ

- ダイエットすべきは社内会議、メール、資料作成
- 会議はファシリテーターの育成を
- メールをやめてチャットへ移行
- パワポは１スライド１０５文字３色以内で

第2章

68%の行動を定着させた〝内円ワークショップ〟

内省なくして成長なし

会議や資料などは振り返って確認すると、それが成功だったのか失敗だったのかを判断できます。多くの人は会議が終わってホッとしてしまい、資料が完成したら達成感に浸ってしまいます。いくら長い時間会議に参加しても、見栄えのする資料を作成しても、それが目的につながっていなければ時間の無駄です。目の前の仕事に追われて仕事をこなすことが目的になってもいけません。定期的に止まって頭を働かせないと進化はありません。必ず定期的に止まって自分の行動を振り返り、反省をして、その学びを次に活かしてください。

この「内省」を習慣にできれば、同じミスをすることは減り、効率と効果が両方高まります。意識を変えるのには何年もかかりますが、1週間に15分だけでも内省の時間を確保できれば、結果も意識も変わります。実際に弊社メンバー、そして私自身もこの内省によって週休3日を実現できました。「そんなわけないよ！」と言われることが多いのですが、内省によって行動と意識が変わることを、多くの人に体験してもらいたいのです。

内円ワークショップとは

行動を変えるには、個人レベルで過去の作業とその内容を振り返り、その反省を基にした改善アクションを定着させないといけません。そこで、弊社では「内円ワークショップ」を1万2000人に提供しました。これは、各クライアント企業の社員個人を中心とする30人程度の集合型ワークショップです。

まず初めに、各個人の幸せ、働きがいを可視化し、各グループ内で認め合います。その上で、自分が働きがいを感じられるようにするにはどうしたらいいか、各グループで話し合い、共通点とその違いを確認し合い刺激を受けます。そして、過去3日間のスケジュールを振り返り、どのような作業をしたかを手書きでワークシートに書き込んでいきます

（91ページ①）。例えば、会議や打ち合わせ、移動、顧客訪問などといった形です。

その中で、自分がコントロールできる時間やコントロールできる内容については「内円」としてチェックを入れます（②）。この内円は、すべての働く時間のおおよそ18％から22％くらい出てきます。

次の作業は、その内円を振り返り、反省、改善点を書き出します（③）。例えば時間をかけて資料を作ったのに使われなかった、夜にメールを送信したら相手が慌ててしまった、メールを送るよりもチャットで話しかければよかった、などです。

その反省点を基に、改善するためのアクション、もしくは二度と同じ間違いをしないためのアクションを書き出します（④）。例えば、資料を提出する前に提出先にチェックしてもらうべきだった、会議のアジェンダは24時間前に共有すべきだった、連絡は慌てず業務時間内にチャットですべきだった、といったアクションプランです。

③の反省すべき点と④の改善アクションはそれぞれ付箋紙（正方形）に書き、それを各グループでホワイトボードや模造紙に貼って共有します。それを行うことにより、同じような課題を持っている人を見つけ、違う解決策にたどり着くこともあります。

最も効果的なのは、皆で話し合い、新たな改善案が出てくることです。このような改善

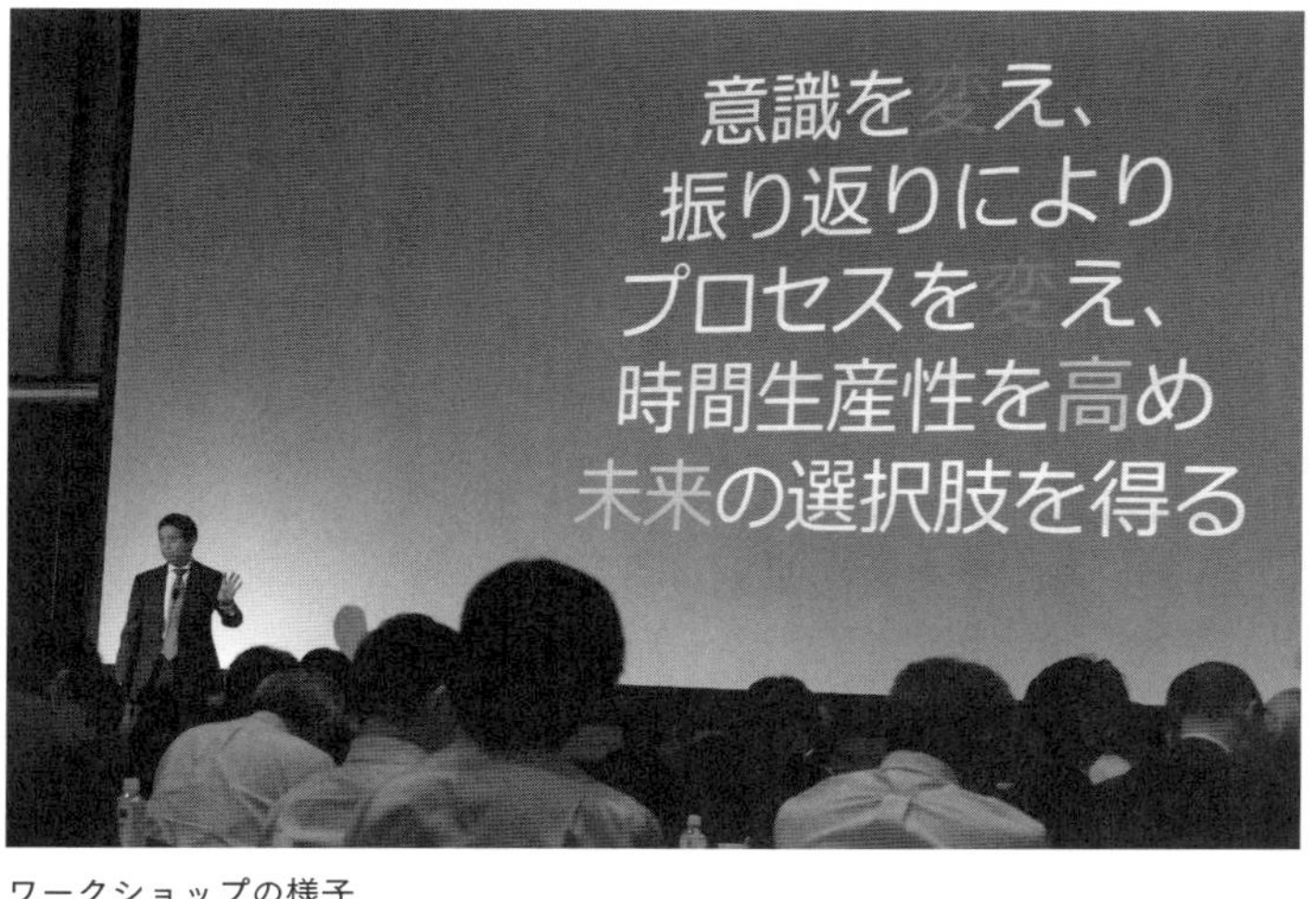

ワークショップの様子

アクションを見つけ出す時は、他人のアイデアをヒントに関連アイデアを出す「乗っかりアイデア」などが結果的には効果が高いことがあります。ですから、各グループで、積極的に話し合いアイデアを出し尽くしていきます。

各グループで改善策が出たら、グループ間で共有をすることにより、また新たな改善点を見つけることにします。この時点ではグループの中、そして他のグループからも刺激を受けていますので、改善アクションを起こしやすい状態にあります。

チームごとの発表が終わったら、自分が貼った付箋紙を個人のワークシートに貼り直します。そして、最後に⑤として、その改善アクションを実施する日付を入れて個人ワークシートを完成させます。各グループのホワイトボードや個人のワークシートは手元のスマートフォンで写真を撮り、何度も見返せるようにします。そして、書いた日付は、なるべく予定表にその改善アクションの期限を入れて強制的に振り返る仕組みをつくってしまいます。

このワークショップはおよそ2~3時間かけて実施します。実施後のアンケートでは行動したいという行動意欲度が80%以上、そして2週間以内に実際に行動を起こす人は68%以上になります。これが**止まって考え、そして内省によりアクションを決め、腹落ち感を持って行動を変えるワークショップ**です。

このワークショップは行動のきっかけであり、振り返って「意外と良かったじゃないか」と思える瞬間が次の行動の動機づけになります。実際に行動して、自由な時間を生み出して評価されていけば、個人の改善活動は継続していきます。

ワークショップのイメージ図

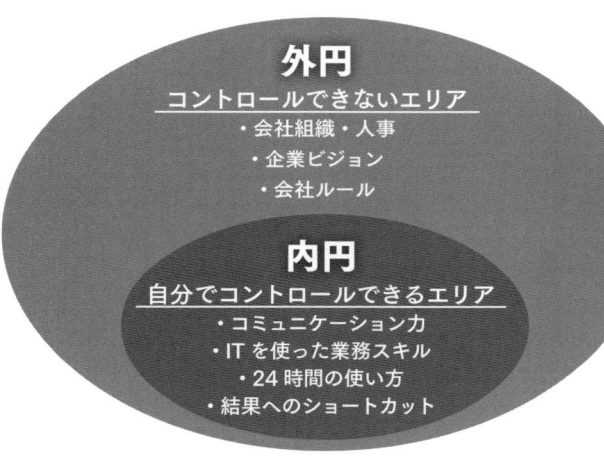

外円

コントロールできないエリア

- 会社組織・人事
- 企業ビジョン
- 会社ルール

内円

自分でコントロールできるエリア

- コミュニケーション力
- IT を使った業務スキル
- 24 時間の使い方
- 結果へのショートカット

ストレスからの解放～外円と内円の棚卸し

①過去のスケジュールを書き出す

時間 / 日付	7/4（火）（記入例）	Day1	Day2	Day3
9：00	部会（外円） メール処理（内円） ○○資料作成（内）			
12：00	ランチ 社内打合せ ：主催者（内）			
15：00	お客様対応（外） 業務処理（外） △△資料作成（内）			
18：00	メール処理（内） 経費処理（外） 20：30 帰社			
21：00				
成果	提案資料完成			
反省	発言のない会議に出席 14 時に急激な眠気 メールに追い回される			

②内円をリストアップ

（記入例）
1. メール処理
2. ○○資料作成
3. 社内打合せ
4. △△資料作成

1.
2.
3.
4.
5.
6.
7.
8.
9.
10.

③反省点・改善点をリストアップ

（記入例）
1. 作成した資料が使われなかった
2. 派手な資料は自己満足
3. 集中できない時間があった
4. メール返信が新たなメールを呼ぶ
5. 毎月同じ作業をしてる

1.
2.
3.
4.
5.
6.
7.
8.
9.
10.

④タスク化してみる

（記入例）
- □ 資料作成の前にフィードバック（フィードフォワード）をもらう → 7/10（月）から
- □ 17:30 退社を週一で設定して，自由時間を○○に活用する → 再来週 7/17 週から
- □ 集中時間枠を設定して効率をみる → 7/13（木）から

- □ →
- □ →
- □ →
- □ →
- □ →
- □ →
- □ →
- □ →
- □ →
- □ →

⑤期限を設定

（記入例）

こちらの内円ワークショップのスライドはダウンロードできます。
www.cross-river.co.jp ＞著作＞超・時短術

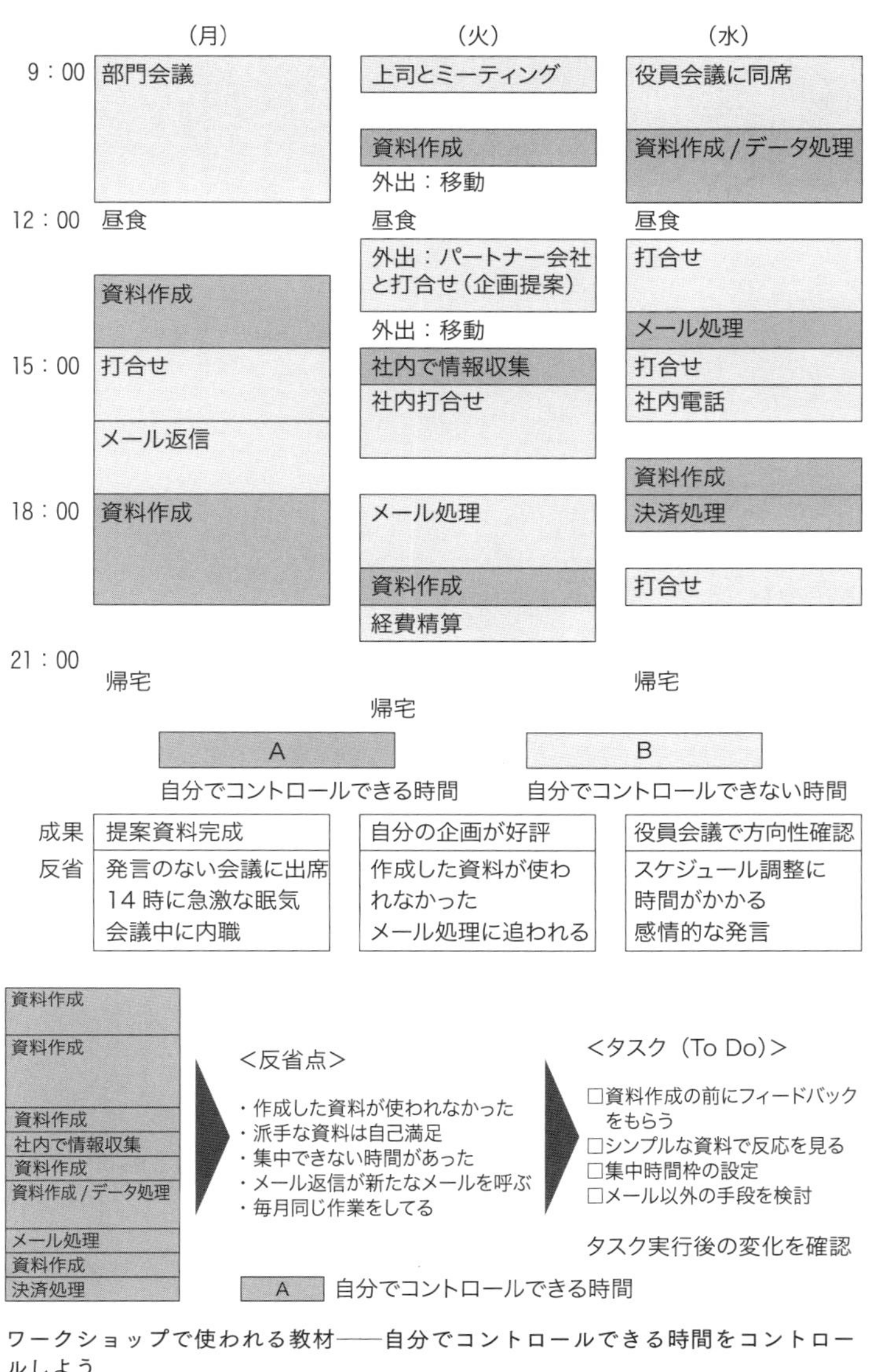

(月)
(火)
(水)
9：00
部門会議
上司とミーティング
役員会議に同席
資料作成
資料作成 / データ処理
外出：移動
12：00
昼食
昼食
昼食
外出：パートナー会社と打合せ（企画提案）
打合せ
資料作成
外出：移動
メール処理
15：00
打合せ
社内で情報収集
打合せ
社内打合せ
社内電話
メール返信
資料作成
18：00
資料作成
メール処理
決済処理
資料作成
打合せ
経費精算
21：00
帰宅
帰宅
帰宅
A
自分でコントロールできる時間
B
自分でコントロールできない時間
成果
提案資料完成
自分の企画が好評
役員会議で方向性確認
反省
発言のない会議に出席
14 時に急激な眠気
会議中に内職
作成した資料が使われなかった
メール処理に追われる
スケジュール調整に時間がかかる
感情的な発言
資料作成
資料作成
資料作成
社内で情報収集
資料作成
資料作成 / データ処理
メール処理
資料作成
決済処理
<反省点>
・作成した資料が使われなかった
・派手な資料は自己満足
・集中できない時間があった
・メール返信が新たなメールを呼ぶ
・毎月同じ作業をしてる
<タスク（To Do）>
□資料作成の前にフィードバックをもらう
□シンプルな資料で反応を見る
□集中時間枠の設定
□メール以外の手段を検討
タスク実行後の変化を確認
A
自分でコントロールできる時間

ワークショップで使われる教材――自分でコントロールできる時間をコントロールしよう

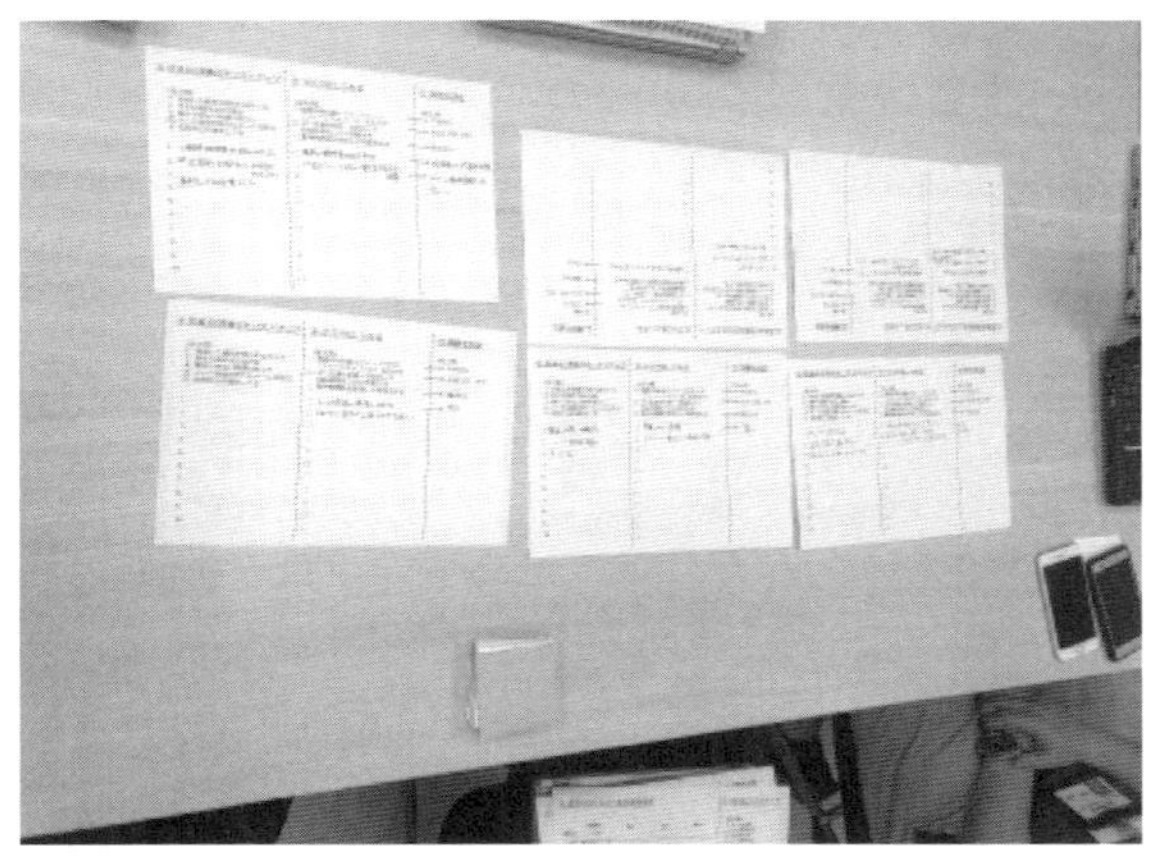

〈内円ワークショップの様子〉各グループで自分の内円と改善点を発表し合う

15分の振り返りで劇的に生産性が上がる

この内円ワークショップを思いついたのは、クライアント各社の人事評価上位5％の考え方と行動思考について調査した時です。この超エース級の「5％社員」は、おのずと定期的に自分の仕事を振り返っていたのです。1週間もしくは2週間おきに15分程度の振り返りを習慣づけており、その定着度は5％以外の社員の実に8倍にも当たったのです。このエース級社員の行動を真似すれば、きっと成果が出やすくなるのではないかと思い、この内省の振り返り15分の仕組みをワークショップ研修という形式で浸透させようと思ったのです。

実際に、内円ワークショップに参加した人の行動意欲度（行動を起こしたいという意気込み）は非常に高く、80％以上の人が「行動する」と答えました。これが行動を根付かせるための勝ちパターンだと認識しました。

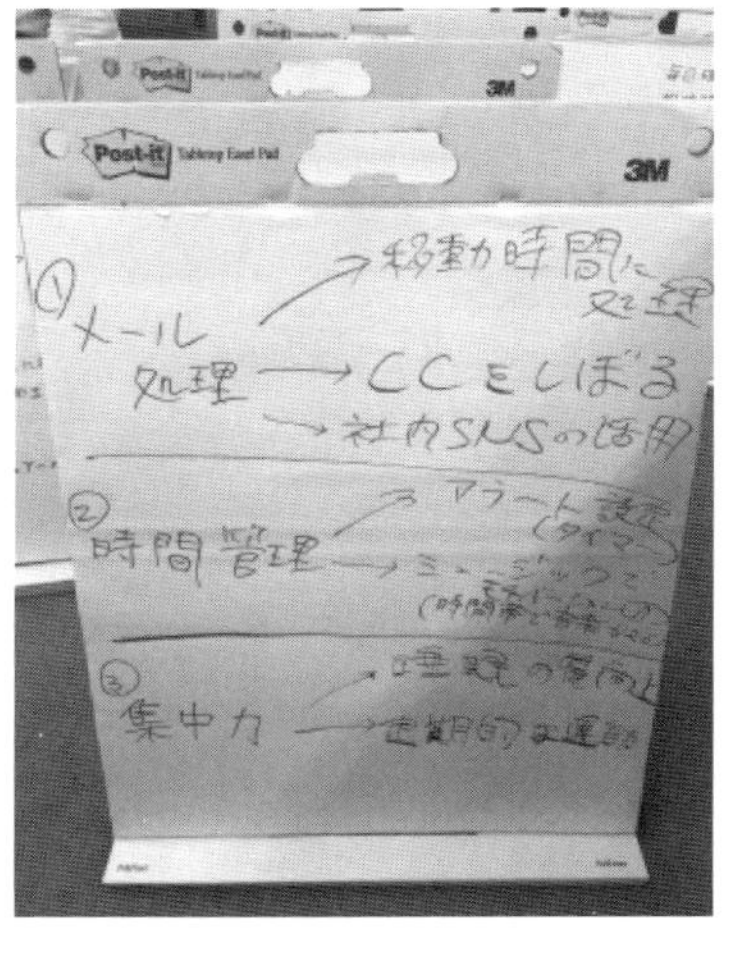

〈内円ワークショップの様子〉各グループで出た改善点をホワイトボードや模造紙に書き出し、他のグループと共有する

これは組織行動学者のデービッド・コルブが唱える「経験学習」に近いと思いました。コルブは、「経験→省察→概念化→実践」という4つのプロセスを踏み、このサイクルを回すことによって、人は学習すると強く主張しています。このように、行動を変えて、振り返りにより腹落ちして、その後の行動に反省点を活かすという経験学習を根付かせることが、会社全体で働き方改革を成功させる大きなポイントです。500社以上の支援をしてきましたが、会社側がやれやれという「働かせ方改革」でうまくいっている企業は1つもなく、このような個人の行動を変え、振り返りにより意識が変わるボトムアップ型のアプローチがないと成功できません。

ＤＣＡＣＡで5％のダイエットを目指す

この内省の仕組みが定着すれば、確実に行動志向になりますので、いわゆる「ＰＤＣＡ」は必要なくなります。ＰＤＣＡとは、Ｐｌａｎ（計画）、Ｄｏ（実行）、Ｃｈｅｃｋ（振り返り）、Ａｃｔ（改善）の4つで構成された実行プロセスですが、内省ではひたすら行動とチェックを繰り返すだけになりますから、Ｐ（計画）にかける時間を極力短くして、**行動ファーストで改善活動**をしていくのです。「ＤＣＡＣＡ」のイメージですね。

何度も繰り返しますが、時間を短縮することが目的ではありませんので、「新たなことをするための時間を生み出す」というポジティブな意識を常に持ち、そのために定量的なゴールを設定して達成するまで行動し続けるようにしてください。

まずは、第一目標として現在の労働時間から5％の時間を生み出すことを目指してください。この5％が達成したら次は10％というように目標を段階的に設定することで、それぞれのステップにおいて達成感を得ることができます。

「何となく痩せたい」と言うより、「1カ月で1キロ痩せる」と定量的に具体的な目標を設定したほうが達成しやすくなります。それを1週間に1回の振り返りによって、進捗を確認してください。1日7・5時間として1カ月22営業日ですと、計165時間。つまり8・25時間のダイエットを目指します。5%がクリアできたのであれば、さらに大きな目標を設定するか、より質を高めるアクションを考え実行してみてください。このように振り返りを重ねていけば、働く時間が減り、働く質が上がっていきます。

「見下されたくない」を活用する

内円ワークショップでは、反省を基にしたアクションリストとそれを実行する日付を入れるまでで終了です。

あなたがリーダーで部下の内円ワークショップの成果を期待する立場なら、まずは参加者が実際に行動を起こさないといけません。ただ野放図に参加者に任せるのではなく、しっかりとその行動を追跡してください。行動したことはもちろん褒めてあげてほしいのですが、行動しなかったことを指摘することも厭わずやってほしいと思います。

モーレツに頑張ってとんでもない大きな成果を残したいという意欲を持ったメンバーば

かりではなく、日々の業務で疲れ切った自分を痛めつけないために、あまり頑張りすぎずローリスク・ローリターンでいきたい人も多いもの。ですから、アクションリストを実行してどれくらいの成果が出たか、ではなくそれを実行したかどうかをグループ内全員で共有し合います。中には忙しくて実行できない人もいるでしょう。しかし、大半の実行しない人は、行動を変えることによる痛みを避けるために意図的に忘れようとしているのです。

そこで、グループ内で共有し合うことによって実行した人と実行していない人が一目で分かるようにします。皆がしているのに自分がしていないと、人はある種の〝負い目〟を感じます。無理に頑張って出世はしたくないけれど、見下されるのは嫌だという人は多いのです。グループ内で自分が約束したことを実行していないことが明らかになると、周りは自分を見下すのではないかという妄想が生まれ、とりあえず何かやってみようかという動機づけになります。半ば強引ではありますが、リーダーとしてチーム力のアップを目指すのであれば、ここは**ちょっと憎まれ役を買って出てほしい**と思います。とにかくちょっとしたことでも行動して変化を実感できれば、行動を継続するきっかけになり、結果として本人の成長をサポートすることになります。

コラム

ポモドーロ・テクニックで心の中断を避ける

メリハリをつけて仕事をすれば効率が上がります。イタリア出身のコンサルタントであるフランチェスコ・シリロが生み出した「ポモドーロ・テクニック」を紹介しましょう。

これは仕事や勉強、家事などのタスクを25分間続けた後に5分の休憩を取り、そのサイクルを最大4回続けるという時間管理術です。ポモドーロとはイタリア語で「トマト」のこと。シリロはトマト型のキッチンタイマーをセットし、時間を区切って試験勉強をしました。もともとソフトウェアエンジニアであったシリロは、自分のウェブサイトでポモドーロ・テクニックを公開し、それが常に締め切りに追われ、時間との戦いを余儀なくされているソフトウェア開発者の間で最初に広まりました。

25分という時間は、集中力に自信がある人にとっては短すぎるように思えるかもしれません。しかし、25分間、たった1つのタスクに完全に没頭し続けるということが、いかに難しいことであるかはポモドーロ・テクニックを実際にやってみれば分かるでしょう。ポモドーロ・テクニックとは、無駄のない目標を定め、選び抜いたタスクを内的中断と対峙しながら完遂するという、ストイックな25分間の活用法なのです。

このテクニックの天敵は「中断」です。電話や来客など自分では制御できないことを「外的中断」と呼びますが、それによりポモドーロは無効となります。他方、メールをチェックしたくなったり、誰かに連絡する必要を急に思い出したり、他の人のことを気にしたりしてしまうのは「内的中断」で、これもポモドーロを無効にします。他の仕事と一緒にやるマルチタスクは言うまでもありません。

特にシリロが警戒するのは、この内的中断です。内的中断が起こるのは、さほど重要ではないことをやっている時などで、そもそもの目標設定が適切でないことに原因があるからです。疑問や不安を持ったままで仕事を遂行しようとすれば、先延ばしをしようとしたり、他のことに目移りしたりするのも当然です。

現実には、内的中断と外的中断で挫折することが多々あるでしょう。しかし「最初は自分の目標達成に集中できなくても心配は要らない。自分自身にやさしくていいのだ」とシリロは言い、「次のポモドーロはうまくいく」と言っています。繰り返しチャレンジするうちに、集中のコツのようなものが分かってきます。ぜひお試しください。

第2章まとめ

- 自分でコントロールできる内円にフォーカス
- 止まって振り返る時間が必要
- 内省による学びを生かせば無駄な時間は削減できる

第３章

自分の価値を高めて時給を上げる

あなたの時給はいくらですか？

働き方改革関連法の施行により、以前より短い時間で、より大きな成果を出し続ける必要に迫られています。具体的には「質を落とさずに、働く量を減らす」ことが求められます。これは見方を変えると、時間当たりの生産性、つまり「時給を上げる」ということになります。時給アップを目指すべく、まず現状を把握してみましょう。

総務省統計局の労働力調査（２０１７年）では、正規雇用の平均年収は４１８万円でした。厚生労働省の発表では従業員30人以上の企業における正規社員の平均労働時間は１７８１時間ですから、単純計算で平均時給は２３４７円となります。人手不足で高騰している東京のアルバイト時給の平均は１１３４円なので、正規社員は倍以上、時給が高いことが分かります。

皆さんもご自身の時給を確認してみてください。企業に勤めている人は年末に配布される源泉徴収票と、毎月提出している勤務票、有給休暇取得数によって算出できます。フリーランスや個人事業主の人は確定申告書や決算報告書の収入と利益、そしておおよその労働時間数によって時給を計算してみてください。

その時給は毎年上がっていますか？ 直近の3年間で比べてどれくらい増減があるか、そしてその時給をいつまでにいくら上げたいのか、紙に書き出してください。理想と現実の「時給ギャップ」を埋めていくのが、働き方改革の1つの目標です。まずは、自分のかけた時間が効率的に収入につながっているかを確認しましょう。

改めて確認すると、成果と収入が連動していないケースも多々あると思います。なぜ時給が上がらないのか、なぜ長時間労働を強いられているのかをしっかり考え、その上で解決策を考えましょう。

エッセンシャル思考で重要なことに注力する

時給の算出方法　①÷②

① 年収（源泉徴収票の支払金額から交通費や住宅補助を控除した額）
② 就業時間（9:00-17:30 であれば昼休憩を除いて 7.5 時間 x 22 日）+ 月平均残業時間 ― 有休時間（年間有休取得日数 ÷ 12 x 7.5 時間）

自分の時給が分かれば、どこでアクセルを踏んで、どこでブレーキを踏むべきかが分かります。なぜならば、時給につながることとそうでないことが分かり、時間をかければかけるほど時給が上がっていくことに注力できるからです。時給が高い仕事に就くというだけではなく、時給が上がっていきやすい仕事やタスクに注力していくべきなのです。

いくら時給が1000円分、2000円分高くても、その時給が自分の目指す時給でなければ、それを続けていくべきではありません。今の能力や時給を棚卸しし、しっかり把握し、自分が目指す時給、そしてその時給を実現するためのスキルや希少価値、経験をどのように積み上げるかを戦略的に考えていくべきです。

裏を返せば、そのギャップを埋めることに関係のない仕事はうまく避けていくこともできるでしょう。避けていくべきです。

ジョハリの窓

他者からのフィードバックにより自分を知る

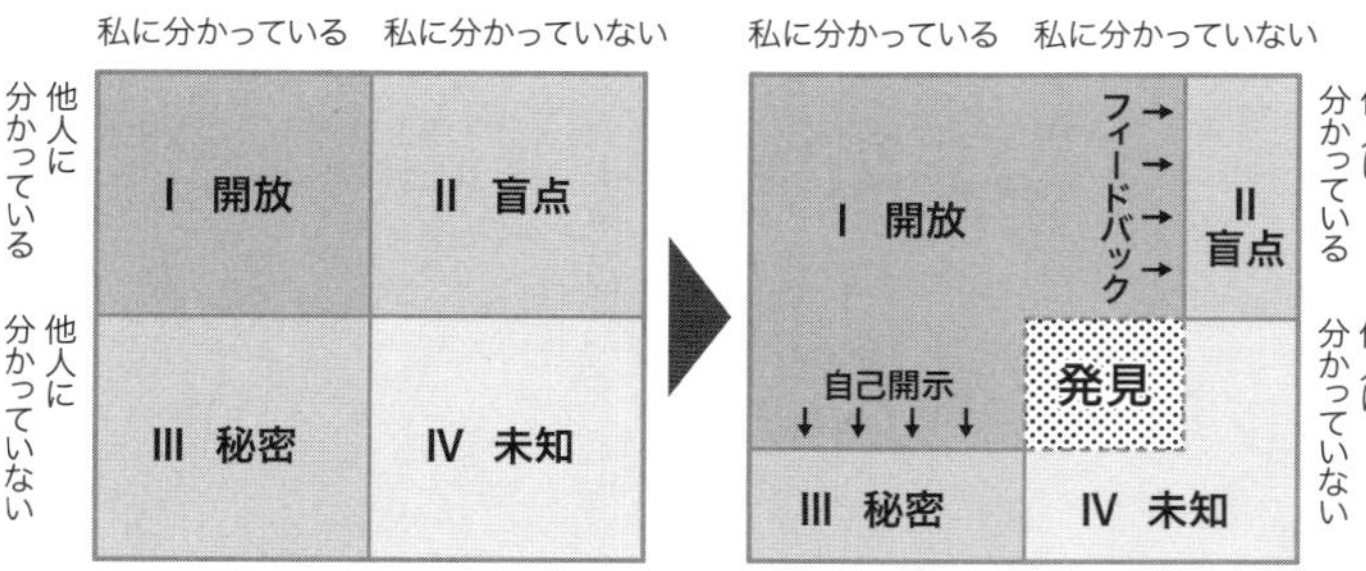

	私に分かっている	私に分かっていない
他人に分かっている	I 開放	II 盲点
他人に分かっていない	III 秘密	IV 未知

▶

	私に分かっている	私に分かっていない
他人に分かっている	I 開放（フィードバック→）	II 盲点
他人に分かっていない	III 秘密（自己開示↓）／発見	IV 未知

●米国の心理学者ジョセフ・ラフト&ハリー・インガムが 1950 年代に考案
●対人関係における気づきの図解モデルとして広く活用されている

図：ジョハリの窓　他者からのフィードバックで自分の見えない部分を発見する

もちろん、社内の人間関係や友人関係を壊すことは、長期的に価値を落とすことになるかもしれませんので、しっかりと見極める必要がありますが、明らかに時給アップに貢献しないことは**きっぱりとやめる勇気も必要**です。

また、複業（副業）をする場合は、必然的に働く時間が加算されますから、特に投資対効果の目安として時給を意識したいところです。

「ジョハリの窓」で自分を知る

他者からのフィードバックは自分を知る上で非常に重要です。自分自身で自分のことを分かっていないこともあり、他者から自分を見つめてもらうことで客観的かつ公正な自分を知ることができます。

１０４ページの図で示した「ジョハリの窓」が、対人関係における気づきのモデルとして有名です。ダイバーシティー推進により、多様な人と触れ合い、「**リバースメンター制度**」などにより、年代の異なる人からもフィードバックを受ける。これによって、自分では分かっていないが他人には分かっていることが明確になる。ここが「自分ギャップの発見」となるわけです。

私は、就職を控える大学生をリバースメンターに据えています。私の講演を聞いてダメ出ししてくれるのです。早口すぎるとか、専門用語が多くて分かりにくいとか。その大学生は、クライアント企業の役員会議に同席させますので、お互いにメリットがあるのが、リバースメンター制度の特徴です。

このように自分を客観的に見つめるという行為は、変化の激しい時代においては極めて重要になり、またフィードバックを与える、そして受けるという行為は、当事者同士にとってお互いにメリットがあるわけですから、社内でこのフィードバック文化を浸透させるべきです。働き方改革に成功している12%の中で、このようなフィードバック文化が根付いている企業が半分以上あることからも、会社が成長し、社員のエンゲージメントを高める上でこのフィードバック文化が効果的であることが分かります。

ギャップが価値を生む

では、どうやって時給単価を上げるか。ずばり「ギャップ」を見出し、それを売り込むことです。

そもそもビジネスはギャップから生まれました。1602年に設立された世界で最初の株式会社「オランダ東インド会社」は地理のギャップでビジネスを生み出しました。インドやジャワ島で雑草のように生えていた香辛料や紅茶を西欧の貴族たちに嗜好品として売り出しました。物流網も情報網もなかった当時は、その雑草をインドに取りに行くことができず、タダ同然で仕入れた紅茶や香辛料を、商人が利益を上乗せして売っていました。当時は遠隔地貿易によって「地域による価値のギャップ」から利益を得ていたのです。

ただ、情報網と物流網が整備されフラット化した現代では、これらの地域ギャップは使えません。ブラジルでしか売っていなかった高級コーヒー豆は、インターネットで簡単に手に入ります。欲しいスニーカーの在庫が世界のどこにあるのか、どの個人が売りに出しているのかも分かるようになりました。

ただ、現在と未来の価値のギャップ、流通される情報と流通されていない情報のギャップは現在でも存在します。多くのデジタル情報はＧｏｏｇｌｅで検索でき、全世界の人が探し出せる情報なので、そこに情報価値は少ない。**Ｇｏｏｇｌｅで探し出せない情報にギャップができ、付加価値に**なります。

例えば、全国の印刷会社の印刷機の稼働率は見えなかったが、これをネットワークにつないでデジタル化・可視化したことによって、より安くそしてよりスピーディーに印刷をするというモデルを構築したのがラクスル。また、どこの家のトイレにもあるトイレットペーパーの芯を欲しいと思う人の存在は見えていなかったが、その隠れていた需要を可視化してＣｔｏＣのプラットフォームをつくったのがメルカリです。

分業をする上でもギャップは使えます。労働コストの差を活用したのがオフショア、発展途上国の工場開発です。ただし日本には言語の壁もありますので、自動翻訳の精度が高まらないとうまく機能しないかもしれません。そして時差もタイムゾーンのギャップです。日本の内需が縮小していく中、他国でビジネスをする必要性が今まで以上に高まります。そこで国外に拠点をつくって、現地のメンバーと共同作業をするのは効率的です。作業の分担であれば、時差の異なる拠点にメンバーを置いて**「常に日が昇る体制」**をつくっておくことで、ビジネスチャンスが生まれます。

信頼が時給を上げる

「カスタマーサクセス」という言葉が盛んに使われるようになりました。顧客を成功に導くための能動的なアクションのことです。

新たな顧客を獲得するためのコストは高くなってしまいがちです。顧客側も、不安の中で見えないリスクと闘いながら新たな発注をするわけですから、慎重になるのは当然です。

しかし、実際に仕事をしてみて顧客が快適であれば、継続して関係を維持したいと思い、他の仕事も任せてみようという気になる。これは、発注のしやすさだけでなく、その会社に対する信頼と安心が、追加発注したいという気持ちを誘発するわけです。

実際に新規顧客を獲得するコストと、既存の顧客から追加発注をもらうコストでは、圧倒的に後者のほうが時間をかけなくて済み、コストが低くなります。クライアントのIT企業では、新規顧客から受注するための労力は、既存顧客から同額の追加発注をもらうた

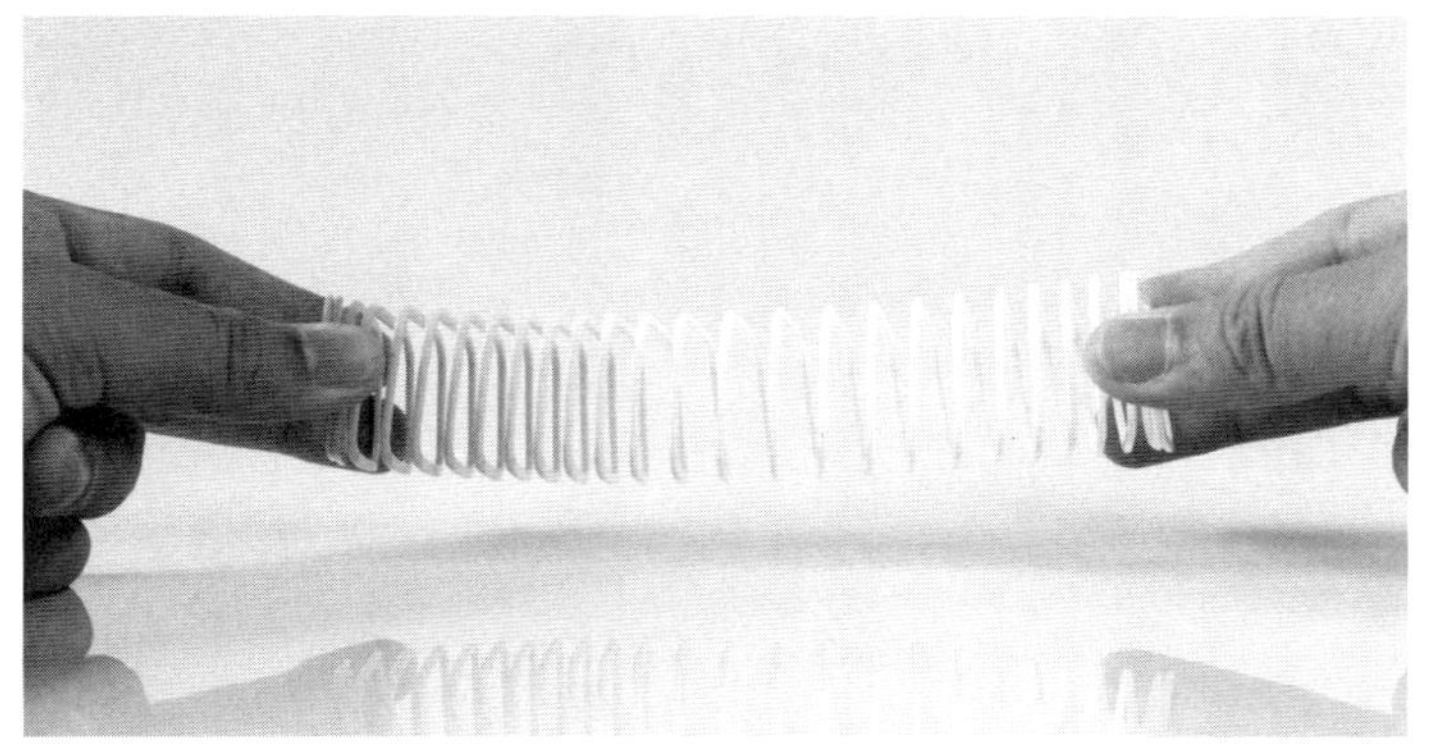

図：伸ばしてもすぐに元に戻るレジリエンスを身に付けよう

めの労力より3倍必要であることが分かりました。

新規顧客の開拓コストはなるべく少なくし、その顧客の満足度を上げて信頼を得ることにより追加契約をもらうことを目標にすれば、結果的に時間当たりの生産性が高くなるわけです。顧客満足度やカスタマーサクセスということに注力する、特にＢｔｏＢ企業が多いのはそのためです。短期的な売り上げにとらわれることなく、顧客の生涯価値（ＬＴＶ＝Life Time Value）を高めることで継続的な利益を得ることです。そのためには顧客からの信頼を得る必要があります。

例えば、トラブル対応の場合、しっかり顧客視点で正しい対応をすれば早期にトラブルは解決し、トラブル前より信頼を得ることもあります。実際に私は、前職のマイクロソフトと現職で計５８５件の謝罪訪問を行い、計63億円の追加契約を頂きました。**しっかり準備して誠意と再発防止策を持参すればピンチがチャンスに変わります。**

対顧客との信頼だけではなく、社内でも信頼を積み重ねることはできます。困っている同僚を助けてあげたり、他部門の課題を一緒に解決していったりすると、自分が困った時にも助けてくれます。揺るぎない信頼を構築できれば、部署を異動しても会社を辞めても、強力な支援者になってくれるはずです。

ひとりで複雑な課題を解決することはできません。信頼を基に周りの人を巻き込んでチームとして対応すれば、より早くより多くの課題を解決できます。この課題解決力が、より多くの利益をもたらし、時給を押し上げるのです。

レジリエンス（復元力）を身に付ける

『LIFE SHIFT』（ロンドン・ビジネススクール教授 リンダ・グラットン著、東洋経済新報社 2016年）では、100年人生で蓄えるべき資産は、①生産性、②活力、そして③変身（変化対応力）と提言しています。

変化への対応力が生き抜くための能力として必要ですが、今後より必要になるのはレジリエンス（和訳すると弾力性、復元力）です。このレジリエンスは、ストレスへの耐性や、柔軟に対応することもそうですが、ゴムのように引っ張られてもすぐに戻るという自己復旧力が含まれます。今後さらに激しくなる変化によって、予想以上のストレスが自分に襲いかかることでしょう。そういった変化によってダメージを受けることがあったとしても、それを休養などによってリフレッシュして元の状態に復元する力が必要になります。

ダメージを受けないように回避し続けることもできますが、働く上で完全にストレスから解放されることは難しいです。地震や台風、猛暑や花粉症などから全く影響を受けないようにするのは難しいのと同じです。ですから、影響を受けないようにするのではなく影響を少なくする、そしてダメージを受けたら復旧するように対策をしておいたほうがよいのです。

その意味では仕事後の一杯のビールや、没頭できる趣味、汗をかくスポーツなど何らかの「自分なりの楽しみ」を持っていたほうがレジリエンスが高まります。医学的にも、ダラダラと週末を過ごすより思いっきり遊んでリフレッシュしたほうが、月曜日の精神衛生状態は高いそうです。また、知識を増やすこと、平穏な安堵した日々を過ごすことも、レジリエンスに影響があるとされています。

今後様々なチャレンジをする上で、挫折することもあるでしょう。苦境に立たされても、それを回避できる気楽な気構えを持てる人は強いと思います。無駄なことをやめて効率を高めることにシャカリキになるだけでは長続きしません。しっかり休暇を取り、肩の力を抜いてリラックスすることは絶対に必要です。

真のダイバーシティーを整える

求められるダイバーシティーとは性別だけではなく、年代、バックグラウンド、経歴など多様な人と触れ合うことです。イノベーションを起こすには、異質を避けず、個々人の持つ多様なアイデアと知見を組み合わせること。それにより、化学反応が起き、新たなビジネスにつながるのです。こうした一つ一つのつながりがイノベーションを起こすのですから、社内に閉じず、社外の異質と積極的に触れ合いましょう。

企業、特に大企業は、正社員だけではなく、業務委託の仕組みを活用すべきです。コストコントロールがしやすいだけでなく、異質との触れ合いを能動的に行い、イノベーションを起こす機会を増やすことができるからです。社内に閉じた仕事をしている人にとっても、業務委託のような社外からの異質を取り入れることにより、外部の環境変化を感じ取ることができるようになります。

実際に8社で、①社内の正社員だけのプロジェクトと、②業務委託を入れたプロジェクト、③ベンチャー企業を入れたいわゆるオープンイノベーションのプロジェクトの3種類で新規ビジネスの開発を進めたところ、圧倒的に②と③における「発芽率」が高く、その具現化にあたっては②が短期間で達成しやすいという傾向を見出すことができました。こういった社内だけでは起こせない化学反応を起こすことが目的であれば、女性の役員数を形式的に増やすような「指標ゲーム」に陥ることなく、多様な雇用形態こそ活用すべきです。

第3章まとめ

- 働く時間を短くして収入を上げるために時給を上げる意識が必要である
- 自分の価値を高く買ってもらうにはどうしたら良いか戦略を立てる
- ギャップ（必要だけど提供されていないこと）が価値を高める

コラム

理想の働き方はデンマークにあった

国際学会に参加するために２０１７年にデンマークの首都コペンハーゲンを訪問しました。デンマークは小国ながら時間当たり労働生産性は米国を凌いで世界第５位の国です。そして、生産性が高いだけでなく、幸福度が高い国としても有名です。学会で知り合ったデンマーク人の学者と意気投合し、急遽滞在を延長して「幸せに働くにはどうしたらよいのか」「生産性を高めるにはどうしたらよいのか」を調査することにしました。デンマークで働く17人のビジネスパーソンを紹介してもらい、７回に分けてヒアリングをしました。

摩擦は良いこと。問いを立てよ

まず初めに驚いたのが、デンマーク人のストレートな表現でした。彼らの家族を大切にする価値観に対して賛同してみせた後、日本企業は少子高齢化で労働力が足りない、長時間労働が常態化しているなどと伝えると、「仕事と家族、どっちが大切なんだ? あなたはさっき家族が大切だって言ったじゃないか! なぜ変えようとしない? もっと自分たちの主張をしなきゃダメだ!」とオシャレなカフェでまくし立てるのです。

1人目が特別なわけではありませんでした。皆が自分の意見をはっきりと主張します。5人目のヒアリングをしながら、得心しました。彼らは「摩擦は良いこと」だと思っているのです。新たなアイデアは異なる意見のある人たちとの摩擦から生まれると皆が言っていました。

ふと自分に照らし合わせると、ディスカッションで衝突を避けたり、空気を読んで曖昧な答えをしたりする時がしばしばありました。どこかで相手に嫌われたくないという気持ちが出てしまい、成果ではなく調和を重んじてしまうことが多いと反省しました。もちろん調和を重んじること自体を否定する必要はないのですが、そのために会議が長くなり、良いアイデアが生まれにくいという副作用もあるな、と。

そんな反省をしていたら、彼らが"reflect on myself"という言葉をよく使っていたことを思い出しました。直訳すると「自分に対して反省する」ということ、つまり「内省」です。彼らは定期的に過去を振り返り、そこで得た学びを次に活かしているのです。幼少の時から「問いを立てること」を教えられ、習慣となっているそうです。レゴという有名な玩具メーカーでは会社のルールとして内省の時間が毎週10分設けられているそうです。この学びの姿勢は日本も真似るべきだと強く思いました。

シンプルに。やめる勇気を持つ

「なぜそんなに生産性が相対的に高いと思う?」とストレートに聞いたところ、「なぜか分からない。シンプルに無駄なことをやめて、自分の価値を高めることをしているだけだよ」と返ってきました。この「シンプルに」という言葉にデンマークの強さがあると思いました。しっかり内省して無駄なものは無駄と気づき、それをきっぱりやめる。周りの目を気にしすぎず、やめる勇気を持っている。それは、自分の価値が錆びないように磨き続けていくことが必要であると、自然と理解しているからです。日本でも注力されているリカレント教育（学び直し）は国が支援して毎月9万円程度が支給されています。

休暇についても聞いてみました。一般的にデンマークでは夏に1カ月、クリスマス前後に2週間の休みを取るそうです。夏休みは郊外の別荘に行って仕事を遮断するというので、ストレートに「そんなに仕事をしない期間があって心配にならないの？メールやチャットの返信を1カ月もしないで上司に嫌味とか言われないの？」と聞くと、「そのように思ったことがないな。ただ一度だけ夏休み明けに職場で嫌がらせされたことがあって、その時はすぐに辞めてしまったな。自分が幸せに働くことができない職場だと思ってね」と。どこで働くか、明快な意思を持って選択しているのが印象的でした。

調べたところ、デンマークの雇用流動性は極めて高く、およそ正規労働者の4人に1人が2年以内に転職をしていました。これは自発的に辞めること以外に、成果が出せなかった社員に対して（十分な事前予告をした上で）会社を去るように宣告できるという制度が理由の1つにもなっているそうです。

雇用の多様性と仕事の自動化を推進

個人が「幸せに働く」ことを重視しているだけでなく、変化に対してリスクを取って挑戦するという文化もあり、そして何よりデンマーク政府が失業給付を含めたセーフティーネットをしっかり構築している。その対象には、企業の正社員だけでなく、クラウドワーカーと呼ばれるクラウドサービス経由で仕事を請け負うフリーランスも含まれており、国を挙げて雇用の多様化と生活保障を推進しているのです。２０１６年の世界経済フォーラムでは「デンマークは労働者がリスクを取って変化を受け入れ、将来にフォーカスできるようなインセンティブを与える国」と高く評価されていました。

さらに、デンマークはＡＩによる仕事の自動化が進んでいました。大手コンサルティングファームのマッキンゼーによると、デンマークは公共セクターの割合が高いため、国全体で仕事が自動化される比率は世界平均を下回るが、民間企業の自動化は進んでおり、ルーティーンワーク（日常的な仕事）に費やされている労働時間の73％は今後自動化される可能性があると報告されています。

これは、レポートや書類づくりなどの業務がデジタル化され、かつ標準化されているためにＡＩによって自動化されやすいということです。そのＡＩによるルーティーンワークの自動化は企業が率先して取り組んでおり、既出のレゴでは給与を下げることなく週休３日制を導入して社員満足度を高めているそうです。

まとめると、次の４つが特徴であることが分かりました。

1. 内省により無駄なことをやめて時間を圧縮し、生み出された時間を未来に向けて投資する。
2. 変化に挑戦できる機会とその保証が整っている。
3. 異質を受け入れ、新しいアイデアが出やすい。
4. 自分がやりたいこと、自分が幸せになることを自主的に考えて行動し、国がそれを支えている。

このデンマークでの滞在で私の人生が変わりました。帰国後に、週休３日を始めることになり、デンマークで得た学びをクライアント企業各社で具現化していくことにしたのです。雇用の流動化など課題はありますが、日本が目指すべき姿ではないでしょうか。

OECD 加盟国の時間当たり労働生産性（2016 年 /35 カ国比較）

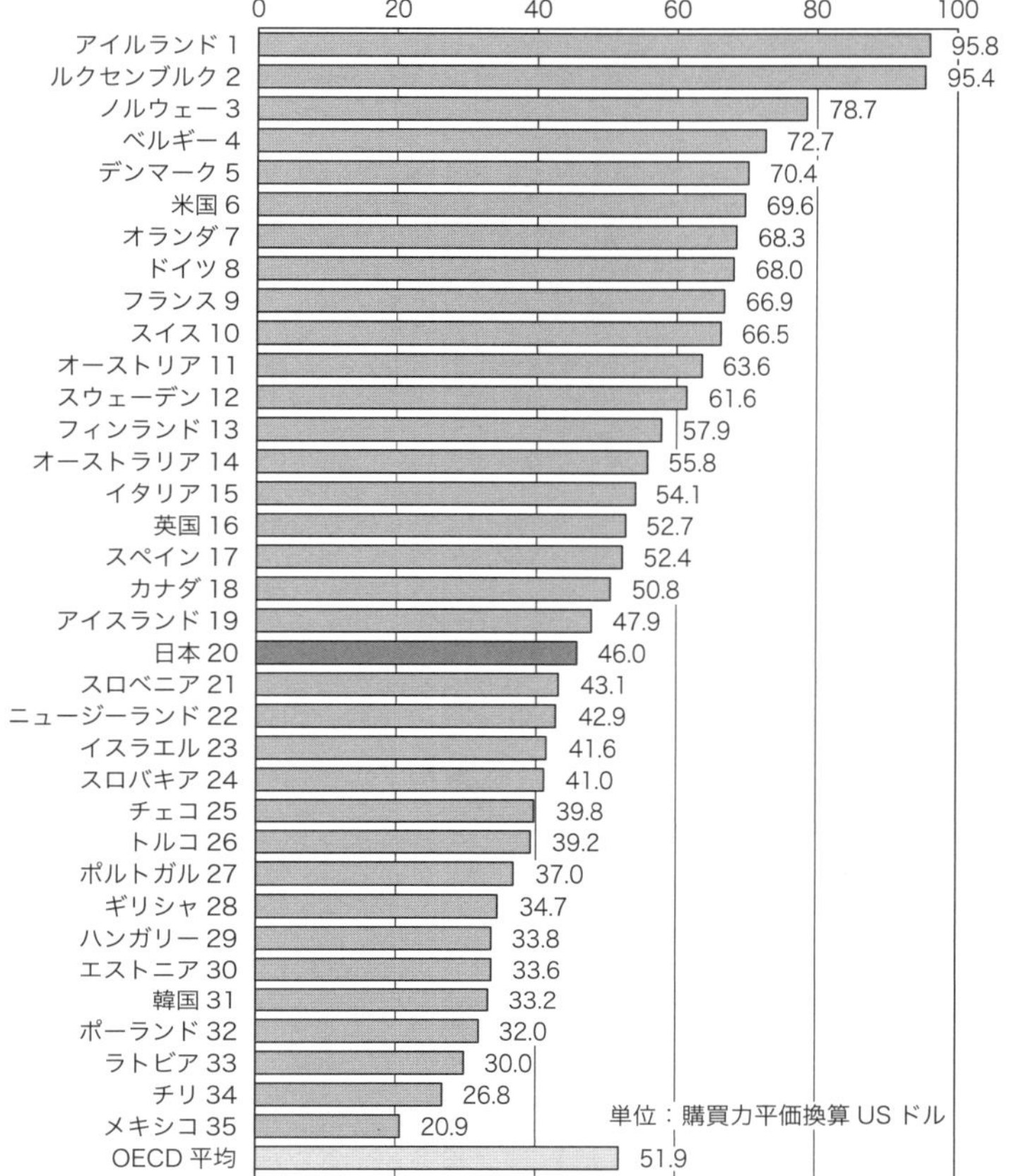

日本生産性本部「労働生産性の国際比較 2017 年版」より
デンマークは 5 位、日本は 20 位

第4章 なぜ行動に踏み切れないのか、どうしたらいいのか

変化することがそこまで難しいのはなぜか

「言われたことだけをやれ」と言われていた昭和・平成時代から「自分たちで考えてやれ」と言われる平成、そして令和へと変わってきました。しかし、自分の行動はなかなか変えられません。なぜでしょうか？

それは**不確実と苦痛を避けたい**からです。変化するということは通ったことのない暗い道を進むのと同じです。心理的には確実性より不確実性が勝ってしまい、その不確実性を避ける性質を持っているのです。人は、自分の心地よい状態（コンフォートゾーン）の中で暮らし、習慣や行動パターンを維持することが、不確実性を避けるには良いと思ってい

知性とは変化に適応する能力だ

スティーヴン・ホーキング

ます。そういう生き物に設計されているので、変化をしないことを好むのが当然なのです。

痛みを感じた経験やネガティブな予測があると、変化しなくなります。「(過去に) 行動したけれど何も良いことは起きなかった」「行動すると何か不快なことが起きるのではないか」といったケースです。勇気を出して挑戦したのに何も結果が得られないと、自分の無力さを感じてしまうでしょう。また同じ目に遭うのではないかと想像を膨らませて気が重くなり、変化しにくくなります。想像する時間は行動を避けている時間でもあり、行動を避けるために考えているということもあります。

また行動を避けるために、関係のない行動に時間を費やすケースもあります。早く仕事に取り掛からないといけないのにＹｏｕＴｕｂｅを見てしまったり、スポーツジムに行く予定であったのにスマホのゲームを始めてしまったり。あなたにも経験があるのではないでしょうか。

行動を変えようとアクセルを踏んでも、不確実性と苦痛を避けたいという防衛本能のブレーキが働いてしまう難しいメカニズムを抱えているのです。人間は変化できなくて当然なのです。

現在志向バイアスで未来を軽視してしまう

人は未来より今を優先する偏見（バイアス）を持っています。時間が経てば多くの利益、損失があると知っていても、目先の利益を選んでしまいます。

仕事での優先順位もこのようになりがちです。緊急度も重要度も高いものは、否応なく取り組みますが、「現在志向バイアス」によって、重要度は低いが緊急度が高いものを無意識にこなそうとしてしまいがちです。また、苦痛を避けるために考えることすらやめて、緊急度も重要度も低い仕事に取り掛かってしまうこともあるでしょう。

そんな中で、働き方改革の重要性が高いことを頭では理解していても、緊急性は高くないので皆、積極的に取り組みません。今日、働き方を変えなくても死なないからです。将

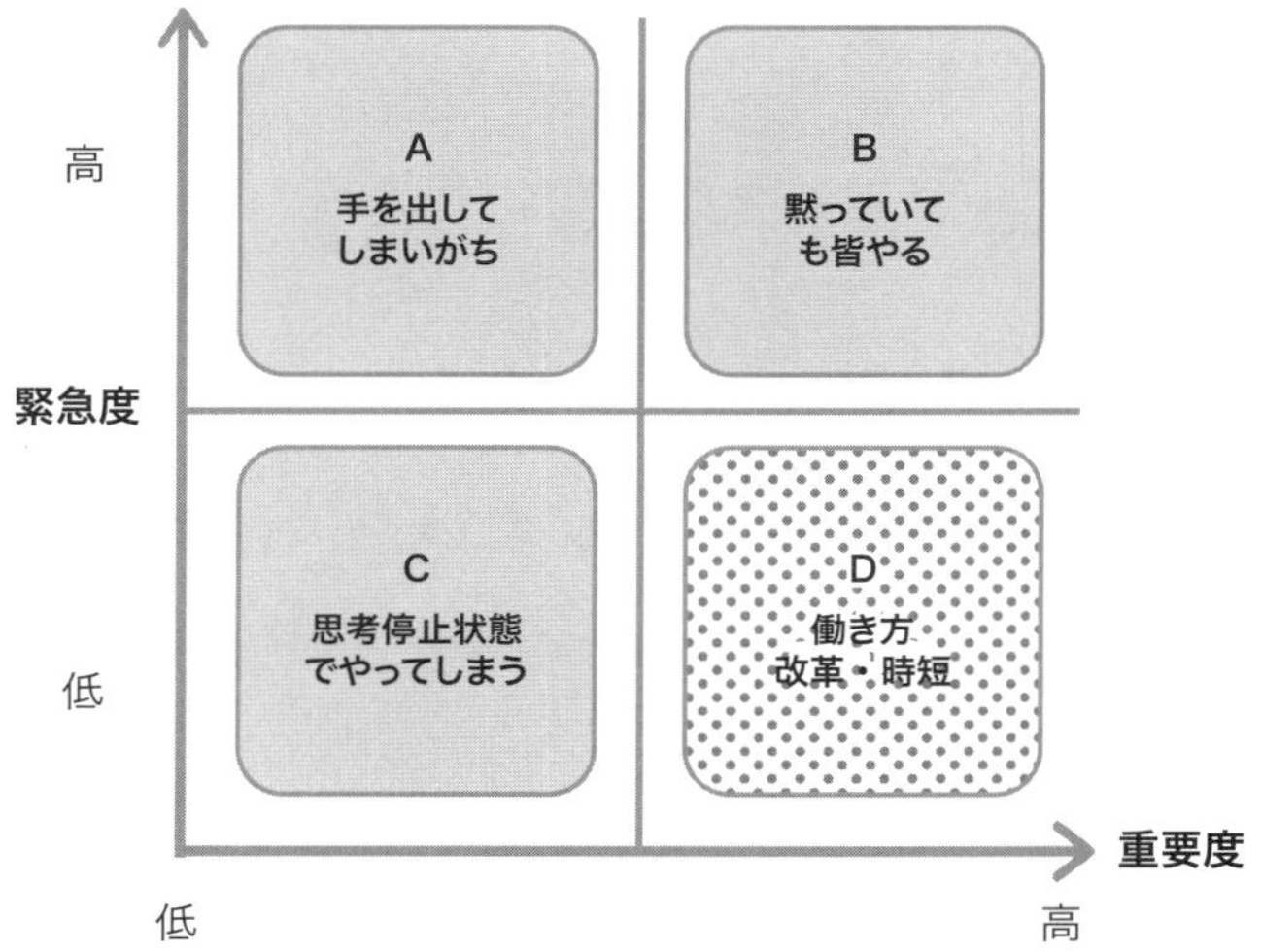

緊急度 ＼ 重要度	低	高
高	A 手を出してしまいがち	B 黙っていても皆やる
低	C 思考停止状態でやってしまう	D 働き方改革・時短

現在志向バイアスで緊急度の低いものは後回しにされる

来必要だと思っていても今やらないのは、時間や危機感がないのもそうですが、このバイアスが働いてしまっているからでもあります。

レシピが分からないと料理しない

それでも必要性に納得して行動する気にはなったとして、問題はそこから先です。実際に行動を起こす人は10%、その行動を継続させる人はさらにその10%です。行動することを忘れてしまうのではなく、行動しようと思ったが、考えたらその方法が分からなくてくじけているのです。

「具体的にどうやって行動すればいいの

か分からない！」と思ってしまうと行動できなくなる確率が上がります。例えば、「カレーを作ろう」と思ったら、用意しないといけない物と調理方法が想像できますが、「ボルシチを作ろう」となったら作り方が分からず狼狽えます。「レシピが分からない＝行動を起こすハードルが高い」ということで、やり方が分からないと行動できません。

これを解決するには、具体的な行動方法（レシピ付きの食材）を用意するのが有効です。例えば、「残業禁止」ではなく「残業の原因となっている社内会議で情報共有が目的のものは来週から1週間、20％減らす」と決めるのです。

行動の目的を成功から実験に変える

行動のブレーキとなる不確実と苦痛にどう対処すればよいのか。それは、考えすぎずに**行動によって起きる良い結果を想像するようにして、リスクの低い実験を重ねる**ことです。時間をかけて考えれば考えるほどリスクを過大評価してしまうので、すぐにできる簡単なお試しの行動をしてみるのです。

その行動の目的は、成果を得ることではなく実験の結果を得ることです。成果を気にしすぎると「うまくいくように素晴らしい計画を立てよう」と考えすぎて行動ができなくなります。ですから、初めは成果ではなく実験を目的にします。実験ですから、うまくいくこともうまくいかないことも等しく同じ結果です。お試しの行動という実験を繰り返すことで、実験結果という「証拠に基づいた学び」が得られ、それを活かして次の行動計画を改善していきます。

その行動はタスク（課題）として締め切りを設けて予定表に入れます。26社16万人で実験しましたが、この動作をするだけで実際に行動を起こす確率は4・5倍に上がりました。また、ある程度、前もって行動のリスクと克服法を考えておけば、状況をコントロールできます。このコントロールできたという実感が腹落ち感を生み、次の行動も起こそうと意識が変わります。

小さな成功体験を継続する

実際に行動を起こしてみて「意外といいじゃないか！」と意識が変わると、人はその先の実験行動を継続するようになります。ですから、最初はスモールスタートのほうが良いのです。

実際に製造業のクライアント企業4社で、「会議時間を25%カットする」といった大きな目標を持って実験をスタートした4プロジェクトと、「チームミーティングのみを5分早く終わらせる」といった比較的達成可能なスモールスタートをした3プロジェクトでは、後者のほうが成功確率が高く、前者も後者も成功したプロジェクトは、その後の実験を継続する確率が高くなりました。成功＝行動継続につながるのであれば、小さくても成功を継続することを目標にしていくべきなのです。

総務省と経済産業省などが主催する2019年の「テレワーク・デイズ」は7月22日から9月6日までの約1カ月半にわたり大規模なテレワーク実験を行います。このようなイベントは企業にとって行動実験をするきっかけになるので良いと思います。しかし、年に1回では成功体験を継続できないので、2カ月に1回、できれば毎月、何かしらの実験をする習慣をつくるべきです。テレワーク＝在宅勤務といった少ない選択肢ではなく、受注改善や資料ダイエットなどの多様な選択肢の中から自主的に選択して実験とその振り返りを定例化していけば、行動を変えやすくなり、結果的に意識が改善していきます。

いきなり明日から行動を変えるのは抵抗があるでしょう。何をどうすれば良いのか分からず、大きな失敗をすることが怖いでしょう。でも何もしないほうがリスクが高い時代です。小さな実験で小さな成功体験を重ねてみてください。少しずつ腹落ち感が出てきたら、少し頑張れば達成できる目標を掲げてください。するとやる気と自信が出てきます。「行動したら意外と良かった」と意識が変わります。

第4章まとめ

なぜ行動に踏み切れないのか、どうしたらいいのか　理由と対処策	
理由1	不確実性と苦痛を避けたいから行動しない。人は変化できなくて当然
理由2	現在志向バイアスで緊急度の低い働き方改革は後回しにされる
対処策1	先に行動を変えて、振り返ったら意識が変わった自分に気付く
対処策2	具体的な行動方法を提示すると動きやすくなる
対処策3	行動の目的を実験にして、小さな成功を継続する
対処策4	計画に時間をかけない。初動が大切。具体的な目標を

第5章 これからの働き方

働き方改革と言わなくなる

２０１５年9月に安倍晋三自民党総裁が両院議院総会後に初めて発言した「働き方改革」という言葉は、数年で使われなくなるでしょう。働き方を変えるのは、決まった時期にやることではなく、その本質は「変化に合わせて働く」という当たり前のことにすぎないからです。これまでも変化に合わせてきました。だって仕事で馬車やそろばんを使う人はもういないですよね？　少子高齢化も今に限った話ではなく今後もずっと続きます。今ここで行動や意識を変えないと、人材不足と売り上げ減少で立ち行かない企業が増えていくと思います。こうした変化に対応できるようになり、「働き方改革」と言われない社会を実現することが私の目標でもあります。

今後使われるべきキーワードは、「儲け方改革」や「生き方の見つめ直し」です。少子高齢化の中で、人員と労働時間を増やせば儲けが増えるという仕組みは限界が来ます。働きアリのように、言われたことだけをしていれば安全と幸せが得られることもなくなります。「働き方」という手段ではなく、今後は目的（＝会社の成長と社員の幸せを両立すること）に注力すべきで、その実現のためにどうやって変化への対応力をつけるか、という方向になるべきです。いつまでも手段に目が行っていては長続きしません。

働きがいは報酬になる

人生100年時代は、長く働かざるを得ない状況です。無理して働くというのでは、70歳を過ぎて働き続けるのが苦しくなると思います。『LIFE SHIFT』という書籍の著者であるリンダ・グラットンさんは、この100年ライフで「活力」が必要だと言っています。

この活力に関係性が高いのが「働きがい」です。働きがいとは、つまり働いている時に幸せを感じることです。この働きがいを感じる時間が長ければ長いほど、活力を持って長く働けるということです。ですから、自分の働きがいは何かを意識し、それを達成するためにはどうしたらよいか、どのように働き方を変えるべきかを考えるのです。22社16万人に調査した結果、働きがいはどういった時に感じるかの問いに対して、次の3つに集約されました。**「承認」「達成」「自由」**です。

承認とは、お客様から感謝されることや、社内外で必要だと思われることなどです。上司の上司に名前で声をかけられることや、隣の部門の人から「ありがとう」と言われただけで、この承認欲求が満たされます。ただし、この承認人欲求は強すぎると、何でも要求する「あれくれ、これくれ社員」になってしまいますので、気をつけないといけません。承認とは、成果があってこそということを理解しましょう。

次の働きがい要素は、達成です。売り上げが目標を超えた、大きなプロジェクトが完徹した、などといったことが達成に当たります。金曜の仕事後に飲むビールや給料日もこの達成につながります。この達成も行動がなければ達成がありませんので、必ず行動と達成の相関関係で考えましょう。

最後は、自由です。好きな時に、好きな仕事を、好きなようにするというのが自由です。もちろんこのように働けたらよいですが、この自由には責任がついて回ります。

この働きがいを持つか持たないかによって、長くいきいきと働けるかに影響があり、またパフォーマンスにも影響があります。

働きがいを持っている社員は、そうでない社員よりも1・5倍生産性が高いと言われていますので、会社にとってもこの「働きがい社員」は必要です。リーダーの立場にある人は、働きがいを持っているメンバーの働きがいを増す施策を考えましょう。

ここで重要なのは不満を解消しても働きがいにつながらないということです。不平・不満に耳を傾けることは必要ですが、それを実現しても満足にはつながらないのです。ですから、この「働きがい社員」を確実に増やしていくことが、すなわち現場リーダーのミッションになります。働きがいを持ったメンバーに囲まれて仕事ができれば、リーダーも働きがいが増します。自分たちで何ができるか、チームで前向きに考えてみましょう。

異質の新結合がイノベーションを生む

毎年、より多くの成果を残していくには、ソリューションではなく、イノベーションが必要です。ソリューションは人の悩みを解決することであり、マイナスをゼロにすることです。ただ、顧客は単に悩みをなくすことだけでなく、嬉しさを増すことを求めています。

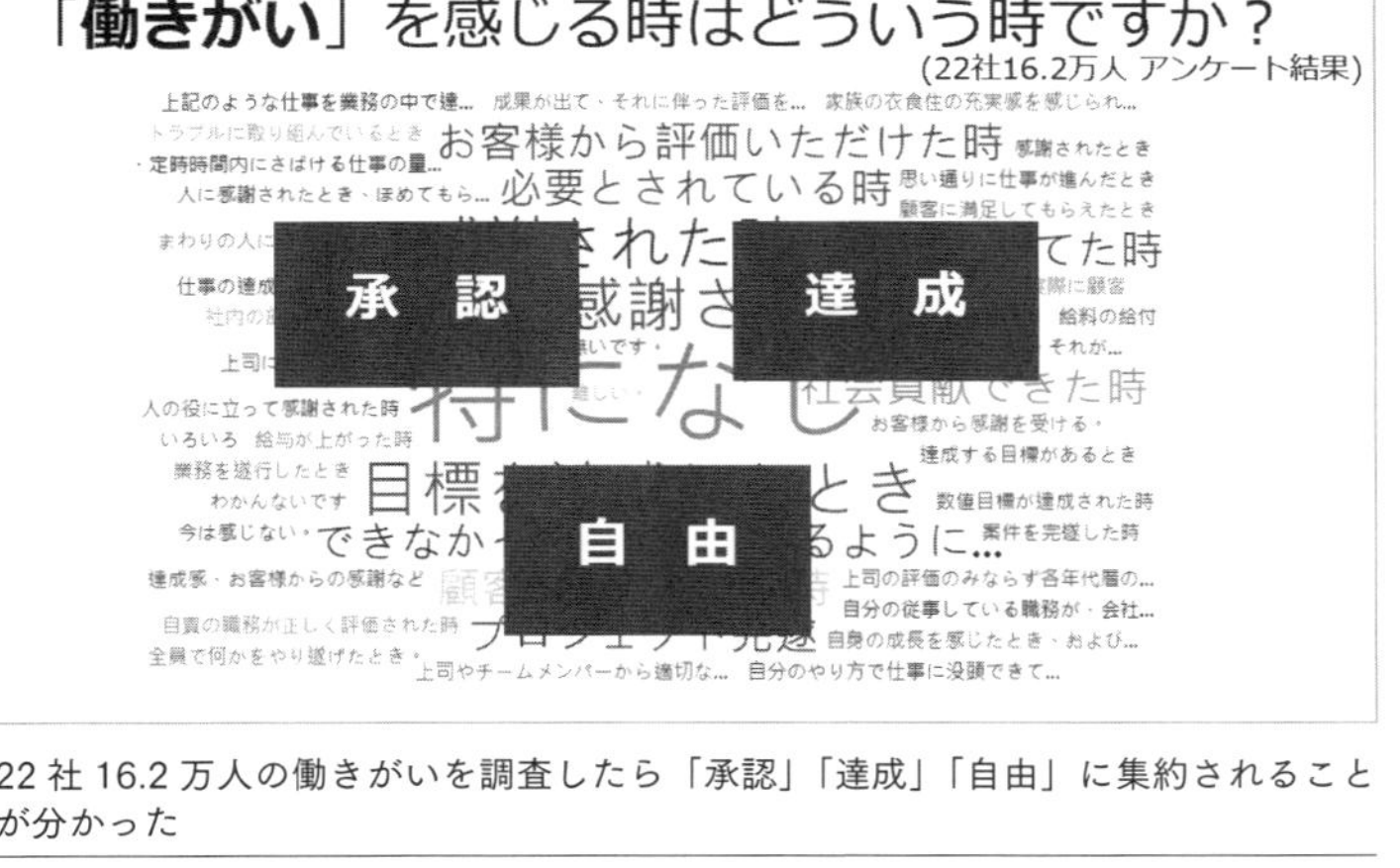

22社16.2万人の働きがいを調査したら「承認」「達成」「自由」に集約されることが分かった

そこで必要なのが、イノベーションです。イノベーションは、マイナス1をゼロにすることではなく、マイナス1をプラス2、プラス3に変えることです。このイノベーションを生み出すには、**発想の転換ではなく、生み出し方を変えなくてはいけません。**

イノベーションという言葉は日本では「技術革新」と誤って翻訳されました。しかし、この言葉を生んだオーストリアの経済学者シュンペーターは「イノベーション＝新結合」と言っています。この新結合とは、異なる知見や経験、考えを組み合わせることにより、化学反応が起き、今まで考えられなかった新たなアイデアが生み出されることです。

つまり、様々なバックグラウンドを持つ個

人を組み合わせて掛け合わせることにより、個人では思いもつかなかったアイデアが生まれるという意味です。よって、同質の人間を集めてアイデアを練るのではなく、より多様なメンバーを集め、アイデアを出し合って掛け合わせることが、イノベーションにつながります。

どうしても、企業は既存の社風や社員の文化にフィットさせようとします。新卒一括採用で同じ研修を受けさせるのは、同期の関係を高めるためでもあり、企業ビジョンを埋め込むためでもあります。ただ、価値観が似た同質の集団をつくることにもなり、異質を掛け合わせた斬新な発想ができにくくなるという側面もあります。

ですから、大企業とベンチャー企業を組み合わせるオープンイノベーションが注目されるわけです。大企業は、ベンチャー企業の外の刺激と知見を取り入れ、実現力の高いその本領を発揮しようとします。創造力（クリエイティビティ）のベンチャー企業と、実行力の強い大企業の組み合わせでイノベーションを起きやすくしようというわけです。今後は今まで以上にイノベーションの有無が企業の存続を左右します。自分のチームでも異質を避けることなく、多様な意見を尊重する仕組みづくりを心がけてほしいところです。

世界中のどこでも働くことができる

これからは、より少ない時間でより多くの成果を出していかないといけないのですから、9時から5時にデスクに座って仕事をするという伝統的な働き方も考え直さざるを得ません。

テレワークという言葉は20年以上前から日本で使われていますが、一部の育児や介護を支える社員が使うものという印象をお持ちの方も多いと思います。しかし、より多くの成果を残すためには、より多くのメンバーとつながり、お客様や社外の人とアイデアを出し合うような活動が求められます。

また、「デザイン思考」というイノベーションを起こすための仕組みの中で重要視されている「リスニング（傾聴）」や「プロトタイピング（試作）」は、よりユーザーに近いところでやるべきですから、いつまでもオフィスで仕事をしているというわけにはいかず、より現場に足を運ぶべきです。

また、テクノロジーの進化により情報共有やコミュニケーション、コラボレーションはITツールで賄うことができるようになりました。よって、このITツールを使いこなせ

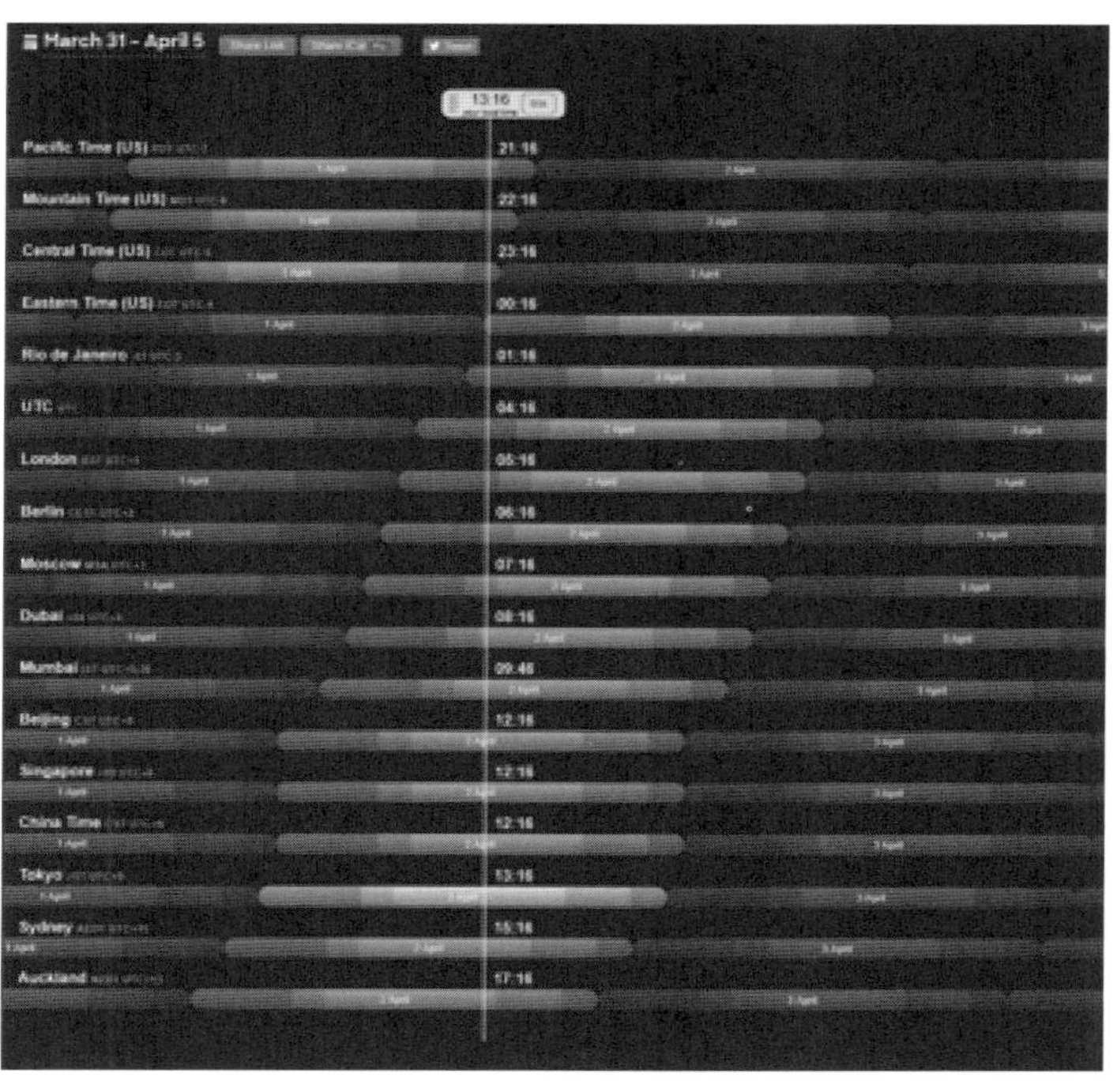

弊社で使っている時差確認サイト Every Time Zone
https://everytimezone.com/

ば、世界中どこで働いてもよいわけです。

また今後は、介護を支える社員も多くなることから、場所だけではなく、時間も選べるようにすべきです。例えば、13時から20時まで働く社員や、朝6時から15時まで働く社員などがいてもよいと思います。場所と時間にとらわれない働き方が浸透し、世界中どこでも、そしていつでも働くことができるようになります。このような働き方の個別化（パーソナライズド化）はさらに加速していくでしょう。

時差を利用して24時間稼働する

106ページでその利点を述べた「ギャップ」と言えば、時差もうまく活用することができます。地球のいずれかでは太陽が上がり働いている人がいるわけですので、その人たちと協力関係を組めば、自分が寝ている間に働いてもらい、作業を24時間継続させることが可能になります。実際、弊社でも、パリ、バンコク、シアトル、ニューヨークにメンバーを集め、海外ビジネスの支援だけではなく、時差を使って日本の仕事をシアトルでやったり、バンコクの仕事をパリでやったりすることができるようにしています。こうすることにより個々の労働時間を増やすことなく、スピーディーに顧客に納品をすることができ、顧客満足度の向上に寄与し、それがその後の契約更新につながっています。

社内と社外の区別がつかなくなる

フリーランスと呼ばれる組織に所属しない個人事業者が年間３００万人ずつ増えているそうです。また各企業でも、社員としてではなく業務委託としてこのようなフリーランスを採用する企業も増えていきます。このような柔軟な雇用の形を取れば、働き方をパーソナライズドした労働者をスムーズに受け入れることができます。

つまり社内にはこれまでと同じような正社員と、派遣社員といった非正規雇用と、フリーランスを中心とした業務委託請負者が混在する形になっていくのです。また、労働人口の減少を考えれば、副業によって成果を増やしていく働き方が求められるわけですから、社員よりも業務委託が増えるということも考えられます。

そうなると、会社という枠組みがこれまでのものとは違うものとなり、自分を定年まで雇ってくれる安全システムではなくなり、自己実現や異質とのつながりを実現するための枠組みというようになっていくわけです。

もはや社内、社外という考え方はなくなり、1つのことを実現したいメンバーが社内外から集められ、会社の持つ社会的信頼や実現力をうまく活用して本来の目的を達成するコミュニティー型プロジェクトの集合体となっていくのです。

現場力が強みになる

日本の高度経済成長を支えた階層型組織では、上からの指示に従順で、言われたことをやるメンバーが必要でした。長い時間をかけて社員を訓練することが、高品質大量生産の時代には求められていました。しかし、新たな発想を生み出す上ではその組織はうまくいきません。尖った人を避ける組織文化では異質な要素を組み合わせる新発想（＝イノベーション）が生まれにくい環境にあります。

一方で、階層型組織は実行力があり、現場の結束力があります。この利点をうまく活用して競争力をつけることはできます。新たなアイデアを生み出すには異質な要素が必要になりますが、組織で決まったことを一体となって実行していく力は同質が集まったほうが有利です。

また、現場の課題を見つけて改善していく方式は、日本の製造現場で磨かれ、いまだに競争力があります。日本企業のホワイトカラーの生産性は国際的に低いと評されますが、製造現場の生産性は相対的に高いのです。

つまりは、イノベーションを生み出す環境を身に付け、実行力のある現場に権限移譲すれば、日本企業は十分に世界で戦っていくことができる。今後一層、「現場力」という強みを活かす仕組みが求められます。

感情共有が必要になる

社内で情報が共有されていないとコミュニケーションに問題が起き、不満も不安も高まっていきます。そういった背景で生まれたのが、グループウェアというITツールです。同僚の予定が共有され、メールやチャットでコミュニケーションが円滑になり、資料の共同編集などのコラボレーションも実現します。働き方改革を通じてこういったITツールの投資がさかんに行われているのは当然の動きです。

しかし、今後さらに必要になるのは、感情の共有です。意識が高い同僚同士がつながって実行力を高め、様々な経験を持つ多様なメンバーがつながって新規ビジネスを生み出すには、それぞれの個々が持つ感情を共有し、共感し合う必要があります。喜怒哀楽を明確に可視化することはできないまでも、幸せである、働きがいを感じる、満足しているというポジティブな感情が分かれば、メンバー同士もつながりやすく、組織としても対処しやすくなります。

特に**共有すべき感情は「感謝」**です。先に説明した通り、承認や達成に働きがいを感じる社員が多くいますので、「ありがとう」という感謝の気持ちを特に社内で共有し合うことで、相手は「承認」され、伝えてくれた人と一緒に「達成」を味わうことができます。そういった共感、心のつながりがチーム力を高め、複雑な課題を解決できるコラボレーションを生み出します。

EQを超えてJQ

より多くの人を巻き込んで複雑な課題を解決していき、価値を生み出すには、人から好かれることが必要です。人に共感してもらい、信頼の下に人が集まってきます。そういった**「人を集める人」たちは、総じて「求めない人」**が多いです。

いくら豊富な経験を積み、専門性が高く、正確な情報を持っていても、利己心や虚栄心が大きければ、人は集まりません。逆に言えば、求めないで利己心を抑え、正義感を持って、あるべき社会を実現させようとする人の下に、人が集まるわけです。

プロジェクトリーダーなどにはＥＱ（Emotional Intelligence Quotient＝心の知能指数）が高い人が求められます。今後はＥＱを超えてＪＱ（Judgement Quality＝正義感、『コンサルを超える 問題解決と価値創造の全技法』名和高司が提唱）、つまり**何が価値なのかを判断できる**人の下に優秀な人が集まると思います。

１９７０年代の高度経済成長期は、言われたことだけをやるＩＱ社員が求められていました。このＩＱ社員は「頭が良い人」であり、いわゆる学歴社会はこれによるものです。ただ会社に言われたことだけをやるのではなく、自分たちで工夫して課題を解決することが求められる昨今では、１人で複雑な課題を解決することができず、より多くの人を巻き込んで対処する必要があり、ＥＱが必要だと言われていたわけです。

今後はさらに進んで、その課題を解決し、イノベーションを起こすために集まる理由としてＪＱが必要になる。資本主義社会の中では、私利私欲で富をいかに集約させるかという競争社会でしたが、地球資源という限りあるリソースを奪い合うのではなく、集めた利益を還元する、循環させるという考え方に賛同する人たちが増えていきます。

よって、利潤追求のこれまでの企業活動と組み合わせる形で、利益を循環させるような正義感を持った人たちが強いコミュニティーを形成し、社会課題を解決するイノベーションを起こすと言われています。プロジェクトを組む時も、ただ単に利益を追求するリーダーよりも、正義感を持ったリーダーについていきたいという人が増えると思います。

「株式会社じぶん」 自分マーケティングができているか

今、私たちが用いている資本主義は、成功すればするほど自滅すると言われています（イノベーションの概念を提唱した経済学者シュンペーター）。市場の自由を唱えて社会共産主義を凌駕した資本主義は、市場の自由競争を促し、強大な勝者をつくり上げ、地球規模でパワーを発揮し、自由なはずの市場に新たなルールを自分たちでつくり始めています。市場の独占を制限するのが国家でしたが、国境を越えて市場を凌駕するグローバルプレーヤーを止められなくなりました。ショッピング履歴や検索履歴をため込めばため込むほど、その競争力は増し、一部の企業群のみが儲かるようになっています。それも圧倒的に。そうした状況に不満を感じる人々が増え、民主主義の下で格差社会を是正する法規制が強化され、巨大グローバル企業は企業分割などによって力を弱められるでしょう。

そうなれば、寡占するプレイヤーが弱体化し、個のチカラが注目されていくことになります。**企業や国家に隷属しない個人こそが、働き方改革の主役**であり、変化への対応力をつけて自律的に経済活動をする必要があるのではないでしょうか。

このように働き方は個別化、個人化＝パーソナライズド化され、フリーランスのような個人事業者が増え、それを受け入れる企業も増えていくと思いますので、自分という価値を改めて理解し、それを市場にマッチさせることが必要になってきます。会社に頼るのではなく、自分の価値を高めるステージとして会社を活用するという考え方にしないと、変化に対応できないのです。つまり、自分が会社のオーナーとなり、社員としての自分の価値をいかに高めていくかということが必要になります。それを実現すれば、長い間、社会に貢献でき、働きがい・生きがいを感じるわけです。

今後時給が上がる職種：デザイナー、アグリゲーター

ＹｏｕＴｕｂｅｒが憧れの職業として人気職業ランキングに出てくることは、５年前には全く想像できませんでした。確かにＡＩの出現により、なくなる職種も増えると思いま

すが、それ以上に新しい職種が出てくるのではないかと思っています。２０１９年夏の時点で、私が日本の社会で必要とされる職種は以下の２つです。

１．デザイナー

１９９０年代後半から米国シリコンバレーで提唱された「デザイン思考」というイノベーションを起こす形の中に、デザイナーという重要な役割が位置づけられています。デザイン思考は、開発者、ビジネス専門家、そしてこのデザイナーの三位一体によって生み出されるイノベーションのプロセスのことです。いまだにこの方式で様々なベンチャー企業がイノベーションを起こしていることを考えると、ある程度は普遍的な方法論だと思います。

ただ残念なのは、日本にはこのデザイナーという職種の人が極端に少ないのです。今後、労働人口が減る中で、イノベーションを起こして経済を発展させていくためには、どうしても会社を起こし、企業を育む文化が必要になってきます。その中で、市場を良くするビジネスプロフェッショナルや、アプリやサービスを開発するエンジニアは年々増えていっていると思いますが、決定的にその両者の間を取り持つデザイナーが少ないと思います。

ギャップがすべてのビジネスを生みますので、市場のニーズを知るビジネス専門家と、技術的要素で実現できるエンジニアの間に入って、市場のニーズはあるものの実装できていないものを実現していくデザイナーの存在は必要不可欠です。どうしても、日本ではデザイナーというと、インテリアやファッションをデザインする人が想定されますが、欧米企業のようにビジネスをデザインするデザイナーの価値は確実に高まっていくと思います。

2. アグリゲーター

2013年に発刊された書籍『アグリゲーター』でシグマクシスパートナーの柴沼俊一氏と元日経ビジネス副編集長の瀬川明秀氏が提唱した新たな職種、働き方の概念です。アグリゲートとは本来、集めることを指し、柴沼氏は「短期間に社内外の多様な能力を集め、掛け合わせて、徹底的に差別化した商品・サービスを市場に負けないスピードでつくりあげるやり方」と定義しています。自分のやるべきことを見つけ出し、自らが道を切り拓いていき、いかなる環境においても最後までやり切る力とモチベーションを持つのがアグリゲーターの特徴だと説明しています。同書では「2社以上と仕事をするようになるだろう」と、現在注目されている副業（複業）も時代に先んじて予測していました。

恐縮ながら、私の名刺にもアグリゲーターという肩書を入れています。同書を読んで影響を受けました。またシリコンバレーに出張中に同じような肩書を持つインド人の個人事業者と出会い、一晩中、話を聞いて刺激を受けたのです。

「顧客の需要はますます複雑になって、見えなくなっている。それなのに1社ですべてを解決しようなんて無理なのさ。必要なタレント（能力）を結集して、即座に解決することが我々のミッションさ」と自信満々に話していた彼の表情は今も忘れません。

ＨＲテックといったＩＴが進めば、個人が持つ能力が可視化されていきます。変化が激しい中では、いつまでも会議のための会議をして時間を浪費するのではなく、スピード感を持って複雑な課題を解決していかないといけません。能力、情報、人…必要なパーツを瞬時に集める職種、それがアグリゲーターです。会社や組織の枠にとらわれずに自由に活躍できる、ということは「働き方を選べる」ということです。私が目指すべき姿です。

アグリゲーター集団である私たちの働き方をまとめると、次のような感じです。

アグリゲーター集団の働き方

タスク	進め方
仕事の依頼	TwitterのDMやFacebookメッセンジャー、ビザスクから来ることがほとんどです。
スケジュール調整	CASTER BIZのオンラインアシスタントがスケジュール管理してくれます。実際に会ったことはありません。
見積書・納品書・請求書の発行	CASTER BIZのオンラインアシスタントがクラウドサービスMisocaで見積書と納品書、請求書を発行してくれます。
メンバー募集	bosyuでメンバーを集めています。Facebookでも応募があります。
メンバーとの共同作業	Office365を使って共同作業。対話が必要な時はTeamsやZoomでWeb会議。メンバーのプレゼンスはTeamsで見えています。Trelloでタスク管理します。
メンバーとの会議	基本的に禁止にしています。SlackやTeams、Chartworkを見れば各プロジェクトの進捗を把握できます。執行役員を務めているキャスターの役員会議は完全にZoomのみ。
メンバーとの意見交換	アイデア出しが必要であれば、コワーキングスペースのBasis Pointの会議室をネット予約してブレインストーミングをします。

国内外に出張手配、レストラン予約	接待や航空券、新幹線、ホテルの予約はCASTER BIZのアシスタントがやってくれます。Chatworkで依頼するだけです。タクシー移動はJapanTaxiでスマホ予約。
連載や出版作業	原稿はスマホの音声入力でラフ書きして、海外メンバーが校正してくれます。オンラインアシスタントが必要な調査データを集めて原稿に共同編集機能で記載してくれます。
調査	顧客調査はWebアンケートで行い、シアトルメンバーがPowerBIで分析・可視化してくれます。
アプリの開発	会議ではなく会話でアプリの企画が決まり、名古屋メンバーに開発してもらいます。
資料探し	2週間で10分くらい。Office365のAI〝Delve〟が必要そうな資料を勝手に提示してくれるので、朝と夕に毎日2回チェックすればOK。探す時間が大幅に減りました。
海外プロジェクト	基本的に現地のメンバーに任せています。顧客への定期的な報告はZoomかappear.inを使ってWeb会議をしています。
都内の移動	自転車（ロードバイク）がメイン。サブで鉄道とタクシー。レースに向けた練習も兼ねて私は自転車がメインに。

契約書	メンバーとは電子サインで業務委託契約。基本的に顧客にも電子サインをお願いしています。
顧客管理	名刺をスマホでスキャンしてＳａｎｓａｎで管理。ＣＲＭ(Customer Relationship Management：顧客管理システム）サービスと連動しているので、翌日朝９時にお礼のメールが届くよう前日に送信予約してあります。
営業活動	メディア主催の講演や書籍の出版、雑誌の連載で「正しい働き方改革の進め方」を紹介し、その後、ＳＮＳ経由でコンサルティングの依頼が来ます。またメンバーの人脈を通じた営業活動も。業務委託で完全成功報酬型の営業メンバーがいます。コワーキングスペースで知り合った方からの依頼も。

第５章まとめ

- 変化は常に起きる。それに対応していく働き方が求められる
- 異質なメンバーを巻き込んで複雑な課題を解決するスタイルが一般的に
- 会社に頼るだけでなく個のブランド力が必要になる

コラム

オンラインのアシスタントが労働時間を20%も削減

分からないことがあったら、自分で調べて習得するより、知っている人に聞くのが早いですよね? 税務処理は税理士に、病気になったら医者に頼るのと一緒で、専門家に頼ったほうが安心です。接待に適したレストランの予約や、年末調整の処理、お花の手配、Webサイト更新など、知識・経験がある人にお願いしたほうが、自分でやるより早いのです。そこで、「CASTER BIZ」を使って時間を短縮し、効果を最大化しています。基本的にチャットツールを使ってやり取りするので会ったことはありません。

例えば、皆さんの会社では会議室が足りなくなることはありませんか?「CASTER BIZ」を使って、近隣の貸し会議室の空き状況の確認、そして予約までお願いできます。また、採用面接のスケジュール調整、調査資料の作成もしてくれます。「プロジェクト管理ツールの比較表を作って」「働き方改革に関する表彰の種類を調べ

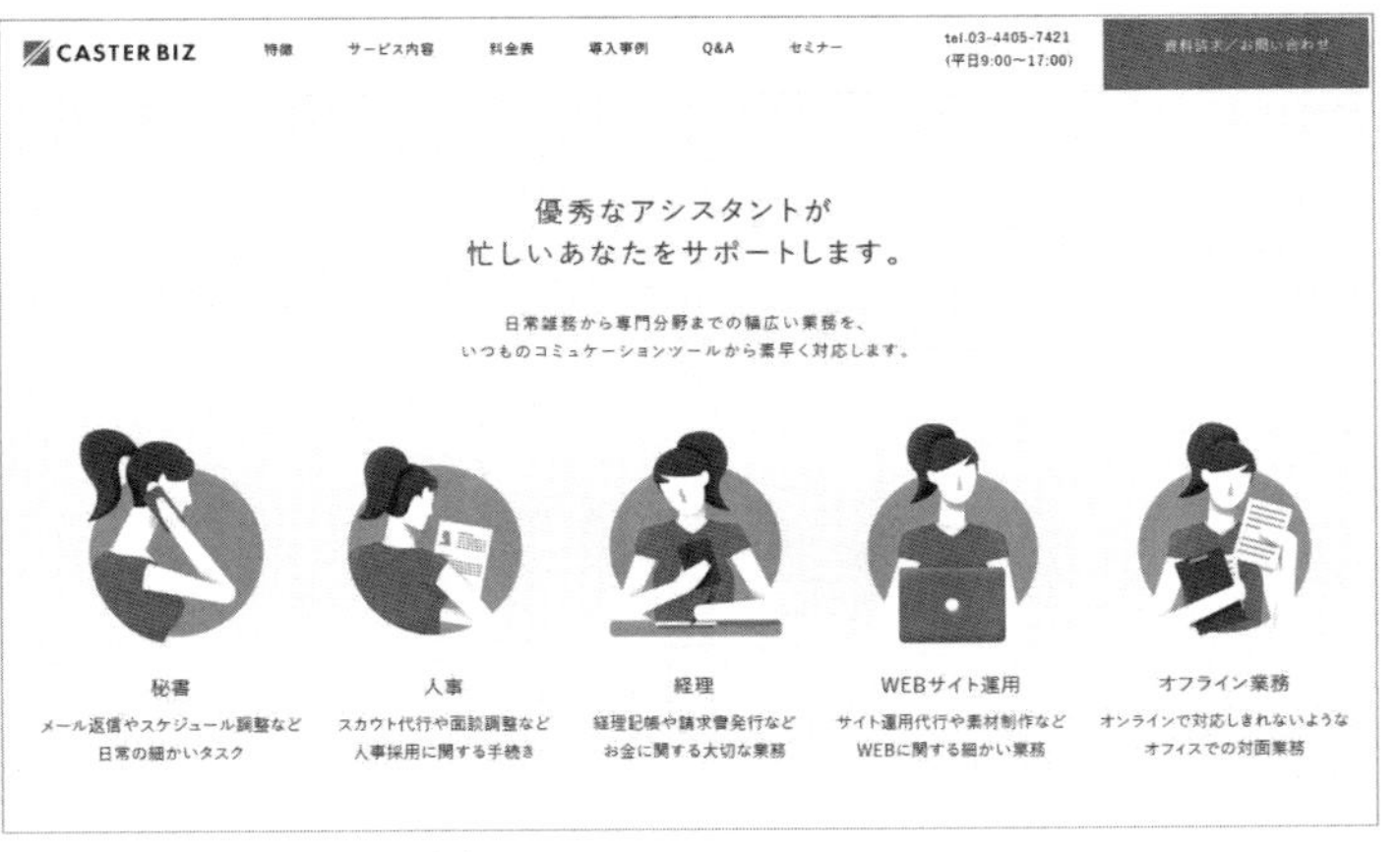

CASTER BIZ のサービス内容　https://cast-er.com/

て」などと頼むことができます。「アレクサ！」や「OKグーグル」のAIスピーカーでは対応できない領域です。

また他人に依頼をしようと思うと、作業マニュアルを作ったり、先んじて作業カレンダーを作成しますので、業務の標準化と無駄な業務の発見ができます。自分の業務を立ち止まって考えるのです。

消耗品の購買や名刺の発注もやってくれます。例えば、こんなことも依頼して時短につながりました。

・レストラン予約（ワインが美味しく、魚卵はNGで、個室希望のリクエス

ト）

・競合調査（北米の同業種のビジネス状況）
・人事評価制度のまとめ（他社のコンピテンシー評価制度の導入事例）
・紙の帳票をエクセルに入力
・定期請求書の発行と入金の帳消し作業
・事務所に来てもらい、紙の設計図面をスキャンしてデータ化
・会議の録音を文字起こしをしてチームに共有
・ホームページや代表電話からの問い合わせの一次対応

チャットで完結するだけでなく、事務所など特定の場所に来てくれるのも便利です。私は大量の名刺や領収書をスキャナーで読み込んでもらったり、セミナー会場の受付をしてもらったりしています。もうこのサービスのおかげで私の自由な時間は増えました。個人向けに「ＭｙＡｓｓｉｓｔａｎｔ」というサービスもありますので、ぜひお試しください。

第6章

経営者の皆さん、今こそ変わるべきです

週休3日で給与も業績も上がれば、みんな幸せに

平成が終わり令和となりました。この30年間で動いたものと止まったものがあります。止まったのは日本の経済成長です。平成が始まった平成元年に日本は米国に次いで世界2位のGDP（国内総生産）でしたが、その後中国に抜かれて3位に、国民1人当たりGDPは4位から25位まで下がりました。

企業の組織構造は30年前からさほど変わっていません、本部長、部長、課長、係長、担当部長に担当課長代理…。課長説明の後に、部長説明があり、本部長の決裁をもらう。そのために資料と会議に大量の時間が費やされています。会議室は常に予約でいっぱい、という企業の状況は昔も今も変わっていません。

働き方もあまり変わっていません。いつまでたっても通勤ラッシュは解消されず、台風が東京に上陸する時でさえ駅にサラリーマンが溢れています。日本企業の組織と働き方は30年前から止まったままなのです。

確実に動いたのがテクノロジーです。例えば、平成元年の携帯電話の普及率はわずか0・3％でしたが、2018年には133・8％に。1万人に3人しか保有していなかった携帯電話は、3人に1人が2台保有するような状態になりました。なかでもスマートフォンの普及によって情報収集がしやすくなりました。調べものをしたい時はわざわざ図書館に行かなくても、ポケットにあるスマートフォンでＧｏｏｇｌｅ検索すれば済むようになりました。スペイン語の勉強をしたければ書店にいかなくてもＹｏｕＴｕｂｅに教材が転がっています。

ただ、情報が増えると、それを処理する時間は増えてしまいます。ビッグデータ（大量の情報）は未来の予測には役立ちますが、処理する人間の作業時間を増やしました。受信するメール数も増え続け、常にメールのチェックに追われているワーカホリック（働き中毒）も増えています。

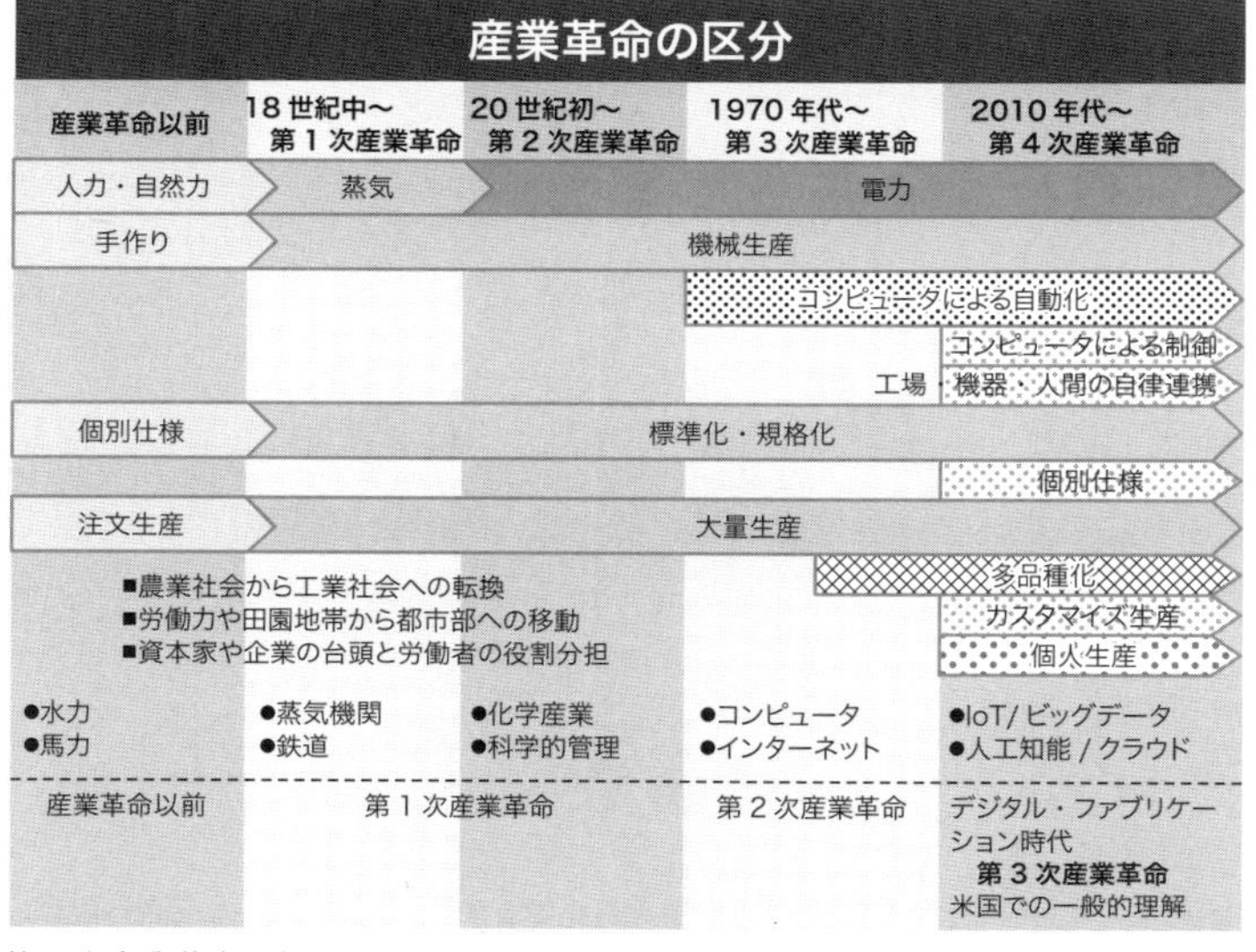

第4次産業革命が起きている。テクノロジーの変化に会社と社員は対応できるか？

産業革命以降、テクノロジーの進化が進んだのは資本主義の影響です。「良くすればするほど、もっと良くすることを要求される」資本主義の仕組みは働く人を徹底的に疲弊させました。「これほど技術が進化したのに、私たちの生活は楽にならない」と疑問を抱く人は多いでしょう。今後ＡＩがもたらす産業革命は、人の豊かさと経済成長を共に後押ししていくものでないといけません。

高度経済成長期にあった平成元年には、世界の時価総額ランキングのトップ20以内に日本企業が14社入るという驚異的な競争力を見せつけ、世界経済をけん引していました。しかし現在はトップ20に日本企業はゼロ、35位にトヨタ自動車がかろうじて1社入るという状況です。

国際競争力が下がっていったのに日本企業はドメイン（戦う領域）や儲け方は変えませんでした。パナソニック創業者の松下幸之助氏が日本で初めて**週休2日を開始したのは54年前**です。その後、少子高齢化が進み生産年齢人口は1995年をピークにずっと減少しているのに、週休2日で売り上げを増やすために働く人と働く時間を増やすという儲け方（ビジネスモデル）は、令和になっても変わっていません。人手不足が深刻化しているにもかかわらず、働き方改革関連法によって長時間労働は規制されることになりました。30年以上続いている「労働時間を増やして売り上げを増やす儲け方」を変えないと、日本経済は破綻してしまいます。

少子高齢化は待ってくれません。2040年には高齢者人口がピークを迎えます。2040年の就業者が2017年に比べて20％減るという推計では、60歳以上の就業者は1319万人で17年に比べ10万人減。15～59歳は3926万人と25％減り、**就業者の4人に1人が60歳以上になります。**

この人口動態の変化は雇用にも影響を及ぼしています。2019年2月の有効求人倍率は1・63倍となり、1974年以来の高水準です。東京都内においては有効求人倍率が2・13倍で、2倍台が35カ月も続いており、記録を取り始めた1963年以降で最長です。ほぼ完全雇用状態で人手不足が続いています。人を増やそうにも思い通りに採用ができず、今いる社員で何とか仕事を回しているのが現状でしょう。

厚生労働省は2018年1月に、2040年の就業者推計を公表しました。日本経済が実質的にゼロ%成長で、女性やシニアの労働参加率が進まない場合は、**2017年に比べ20%（1285万人）減り、5245万人になる**と試算しています。

産業別で見ると、医療・福祉のみが増え、他の産業はすべて減り、製造業に至っては803万人で2割減ります。低成長で労働参加が進まない場合は、2025年で生産人口は6082万人となり、2017年に比べ7%減ります。人手不足の産業で待遇が改善されていないことや、成長業界へ人員が流入しないといった「雇用のミスマッチ」にも対処する必要があります。また、終身雇用や年功序列賃金、企業内労働組合といった雇用安全システムが会社による賃金上昇を抑えているという説もあります。

自由競争を促す資本主義の中で経済成長をしていくには、人口動態の変化を考慮しながら、**目的としての儲け方と、手段としての働き方を変えなければいけません。**それに対応することが企業の生き残りの条件になります。

働き方改革は第2ステージへ

２０１６年8月の安倍内閣改造の際に、一億総活躍社会実現のために働き方改革担当大臣を設置したことが、日本での働き方改革の起点と言われています。当初の取り組みは労働者を減らさず、むしろ増やすことが目的でした。育児を抱える社員や、私もそうですが介護を抱える社員は「働きたいけど、これまでの仕組みでは働くことができない」という状況にあります。それを解決するために、制度やＩＴによって柔軟な働き方ができるようになりました。どこでも働けるテレワークは多くの人にぜひ広がってほしいと思い、「テレワークを当たり前にする」というミッションを掲げる株式会社キャスターの役員を兼務しています。

つまり、初期段階は働く人の数を増やす（もしくは減らさない）**働く量の改善**でした。女性の労働者は２６１７万人に増え、労働参加率は70％を超え、60歳以上のシニアの労働参加率は20％にまで上がり、過去最高です。特に女性の就業者数は6年弱で３０３万人も増加したことになりますので、2005年の第3次小泉改造内閣から続く「男女共同参画担当相」を安倍首相が計画して設置して女性活躍を後押しした成果です。この70%という女性の参加率は米国の69%を上回っています。

しかし、残念ながらこれ以上増やすのは難しいのです。シニアの再雇用を制度化している企業もありますが、それは全体の数%にしか至らず、数年で大幅に上昇することは期待できません。そこで、生産年齢人口と労働者が増えないことを前提に、社員の効率と成果を上げていこう、低賃金による雇用ミスマッチを解消していこうと変わったのです。これが政府と多くの大企業が進めている**第2ステージ＝働く質の改善**です。対象は特定の社員だけではなく全社員です。

質の改善というのは社員1人当たりの成果を大きくすることです。つまり、全員が活躍できる仕組みをつくることが必要なのです。各社の支援をしてきて、特に重要だと断言できるのが、**新規ビジネス開発と人材育成**です。現在の儲け方に代わるものを生み出さないと、労働量が減っても利益を上げることはできません。だから、新たなパートナーシップや新サービスなど、これまでにない新たなビジネスを創り上げないといけません。

そして、人材育成です。将来必要なスキルを社員に身に付けさせないと、新たなビジネスはできません。技術・技能の資格取得だけではなく、人を動かすリーダーシップやコミュニケーションといったヒューマンスキルも必要です。

残念なことに、日本企業の人材育成投資は世界的に見て決定的に少ない。日本企業が毎月支出する従業員1人当たりの教育訓練費は2016年で1112円でした。ピークの1991年（1670円）から500円（マイナス30％）以上も下がりました。この人材育成投資を抑制し始めた2000年以降、日本の労働生産性の伸びは先進諸国で最低になっています。日本企業の人材育成費はGDPの0・2％だけで、米国の6分の1、ドイツの8分の1という惨状です。未来の変化へ対応する能力を養うためには、企業は人材育成に投資し、現場のリーダーは自らが率先して社内の研修に参加しなければいけません。

未来に向けて必要となる新規ビジネス開発と人材育成に時間を割くために、今やっている**非効率なことをやめる時短が必要**です。時短することが目的ではなく、このようなことをする時間を確保するために**手段としての時間をつくり出す**ことが求められるのです。

残業削減で終わらせてはいけない

政府や会社が残業削減を目的にしているように思えるので、現場のメンバーは腹落ちしていません。無理して仕事を早く終えたら、残業代が出なくて収入が減ります。仕事が終わらないのに無理して帰ったら、思うように成果を残しにくくなり、達成感を得られず成果給も減ります。これでは納得できず、自然と元の働き方に戻ります。階層社会で育った大企業の社員たちは従順ですから、19時にオフィスフロアの電気が消えたら渋々帰社します。ただし、仕事が終わっていないままというわけにはいかないので、社外で〝隠れ残業〟が蔓延するのです。

社員は自分自身が長く幸せになることを望んでいます。１００年ライフ・定年延長が叫ばれる中で、生涯を通じて幸せでいたいのです。報酬を上げていきたいのです。一生の大半を過ごす労働時間でより多くの幸せを感じるべきです。働いている時に幸せを感じること＝**働きがい**です。

この働きがいは成果を出して認められた時に最大化されますから、自分の得意なところ

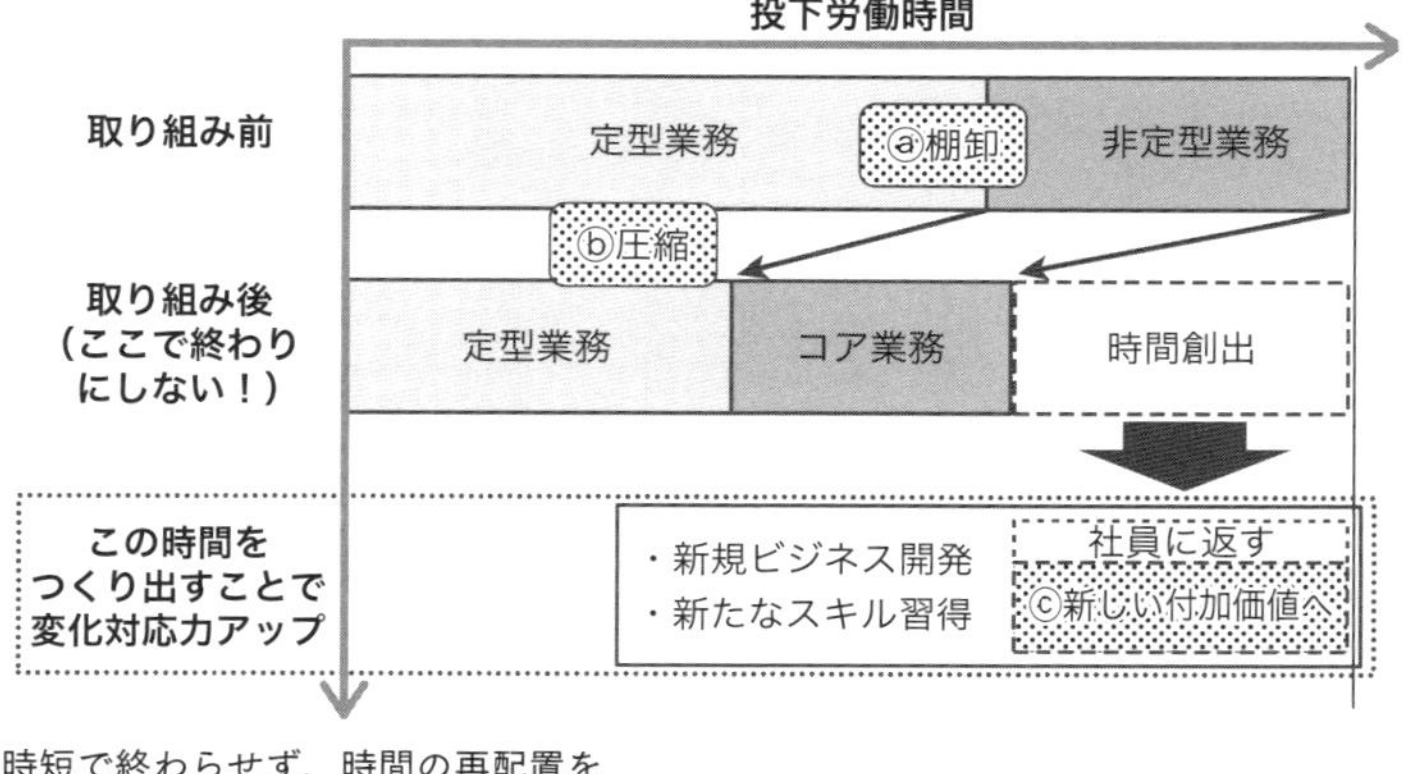

時短で終わらせず、時間の再配置を

で能力を発揮できるようにする必要があります。

そのためには、**①発揮できる機会**を得る・与えること、**②その能力が発揮できる能力**を養うこと、の2つです。今かけている時間を縮小して、①と②の**新しい付加価値づくりに時間を再配置する**のです。能力が多様化して選択肢が増えたほうが、変化への対応力が高まり、活躍できます。①の時間を確保し、②のチャンスをものにすることが時短の目的です。

散歩していたら富士山の頂上に着いた、ということはない

冷静に考えましょう。働き方改革は富士山の頂上ではありません。働き方改革は目的ではなくて手段です。経営者の皆さんが目指すべき頂上は、

会社が成長すること、社員が幸せを感じることです。会社の成長と社員の幸せ。これを両立させるということが目的なのです。そのために働き方を変える必要があれば変えましょうというのが「働き方改革」だと思いませんか？

それにもかかわらず、富士山の頂上は働き方改革をすることだと勘違いして山登りを始めてしまう。そうすると何が起こるかというと、人事制度を変えたり、育児介護制度・在宅勤務制度を導入したりします。ＩＴを入れてＡＩを入れてクラウドを導入して…。しかし、制度もＩＴも社員の利用率は20％未満。これが現実です。失敗している企業は目的と手段をはき違えてしまっています。

「働き方改革の成功は何ですか？」。これが明確になっていないと、そこには到達しません。近所を散歩していて気づいたら富士山の頂上に着いた、ということはないのです。目的を明確にして、しっかり言葉で表現すると、現場メンバーは意識するようになります。「とりあえず山登りをしよう！」ではメンバーは動きません。「あの頂上に向けて一緒に山を登ろう。そうすると〇〇という良いことがある」というビジョンを掲げて現場を鼓舞すること、それが経営者の役割です。

調査と事例のまやかし

２０１９年1月、厚生労働省の勤労統計データに対する改ざん問題が取り上げられ、22人が処分されました。このデータを基に算定している雇用保険や労災保険で過少支給が生じてしまい、約２０１５万人に影響を与えることになりました。

データ自体の信憑性だけではなく、各種の調査データは意図した目的のために作り上げているものも多い。例えば、総務省と経産省などが実施した「テレワーク・デイズ２０１８」は１６８２団体、延べ30万人が参加し、前年よりも参加団体は約１・８倍に、参加者数は約４・８倍に増加と報告されています。このイベントの開会式は小池百合子都知事や経産省の面々が参加しており、イベント自体が盛り上がったように報道されています。組織の長が参加し、国の責任機関も参加しているので、大盛況のイベントに思えてしまうのは、ヒーロー効果というバイアス（心理的偏り）によるものでしょう。

多くの企業が賛同して取り組んでいるように思われますが、東京都の会社企業数だけでも１６３万社以上あるのに対し、テレワーク・デイズ参加企業は８６０社しかありませんでした。つまり、参加した企業は０・０５％しかないのです。確かに何をもって成功とするのかは難しいところですが、意図した方向に誘導するために調査結果が使われていたり、意図した行動を起こすために有利な情報だけを意図的に抽出しているケースは多いです。

これは働き方改革の成功企業の事例に見られます。特にＩＴ企業は、自社のサービスを販売するために外部の調査データや、自社の独自調査の結果を引用し、自社サービスの価値をアピールすることが多い。もちろん、働き方改革のように新しいことをするには必ずデメリットがあります。メリットがデメリットよりも圧倒的に大きければやるべきです。しかし、意図して作られた限定情報に流されてしまっては正しい意思決定が行われません。

もしデータを引用する必要があるのであれば、より多様な情報元から入手すべきです。また、各社の取り組み事例を参考にするのであれば、きらびやかな成功事例に踊らされることなく、どのような失敗があり、そこからどう学んだかという経験学習の事例を参考にするほうが効果があります。やってみたらすぐに成功したという企業は極めて少ないですから、こういった苦労からの学びを得ていったほうが信憑性が高く、効果的です。

例えば、ＲＰＡ（Robotics Process Automation）は業務を自動的に実行してくれるＡＩ

サービスで、人手不足解消の決定打として注目され、提供ベンダーも増えています。なかには30万時間が削減され、100億円のコスト削減につながったという成功事例がメディアで公開されています。弊社のクライアント企業でもRPAの導入を進めている企業は多いです。

ただ、成功しているケースは少ないのが実態です。そもそも業務が定型化されておらずRPAを導入するエリアが限定的であったり、既存の業務をすべて変えずに自動化ロボットを導入したところ、想定以上に自動化ロボットが増え、その管理をするためにかえって労働時間が増えてしまった…といった具合です。

IT導入事例は企業ブランドを高めることもでき、それを主管した部門の成果としてアピールすることもできます。一方で、失敗例は公開されません。うまくいかなかった事例を紹介しても、そのユーザー企業も提供ベンダーも得をしないのですから、公開されなくて当然です。なおさら、IT部門ではいまだに減点評価をする企業が多いことから、失敗例は隠されがちです。ましてやイベントやインターネットで一般公開されることはありません。このように成功事例のみが公開されやすい、という実情を理解した上で事例を収集していかないと偏った情報に飲まれてしまいます。

深夜にメールを送ってくるコンサルは信用するな

もともと働き方改革の進め方には疑問を持っていました。業務の効率化を支援する複数の大手コンサルティングファームは夜遅くまで仕事して深夜1時2時にクライアントへメールをしていました。まず自分たちでより短い時間でより多くの成果を出していないと、コンサルティングする資格がないと思うのです。

あなたは野球ができない人にキャッチボールを教えてもらおうと思いますか？　たとえ正しい理論であっても展開できなければ効果は出ません。生産性を高めるアドバイスをもらうなら、生産性が高い人からアドバイスをもらってください。働き方改革のアドバイスがもらいたいなら、働き方改革を実践できている人を頼ってください。これだけの現場経験をした私は、現場経験のない人や実践できていない人からアドバイスはもらいません。

マイクロソフトに在籍していた時に60万人近くの方々が品川オフィスツアーに参加されました。それは綺麗な家具やＩＴ機器を見に来たのではなく「働きがいランキング上位にいるマイクロソフトの社員が活き活きと働いているのか、その仕組みが何か」を見に来たのです。

マイクロソフトを卒業した２０１７年から2年間で８２６名の意思決定者（予算を持っている人）にヒアリングを行ったのですが、感情で意思決定することがあると答えた人は56％もいて、数字やデータを基にした合理的な判断しかしていないと答えた人は18％しかいませんでした。世界的に実績を残してブランド力もある大手コンサルティングファームではなく、無名な零細企業である我々を選んでくれるクライアント企業があるのは、現場での経験、実践しているかどうか、メンバーが活き活きと健康的に働いていることを見てくれたのではないかと思っています。我々は、理想論を振りかざして終わり、ということだけは絶対に避けたいと思います。

意識なんてすぐには変わらない

経営陣は長期的な視点を持って会社を永続させるために、危機感を持っている。だからこそ、激しい変化を乗り越えるために意識を変えてから行動を変えていかないといけない！と社員にハッパをかけるわけですが、そう簡単に現場の意識は変わりません。社員の意識が変わるのを待っていたら5年、いや10年かかります。そんなに時間をかけたら変化に取り残されてしまいます。

もちろん意識を変える必要はありますし、上からの声掛けは必要です。ただ、スピード感を持って意識と行動を変えていくには、**先に行動を変えてしまうのです。そして、その行動の後に振り返りをして、「意外と良かった！」と意識が変わったことに気付かせる**のです。これがクライアント16万人で実験して見出した答えです。

ハーズバーグの衛生理論

米国の臨床心理学者フレデリック・ハーズバーグは、モチベーションの性質と人をやる気にさせる方法を研究しました。研究結果を基に彼が提唱したのは「仕事に満足を感じる要因と不満足を感じる要因は全く別物である」ということ。仕事の不満要因（衛生要因）を取り除いても、仕事の満足感やモチベーションを引き出すことにはつながらないということです。

ここでいう「衛生要因」とは、破られると防衛本能が働いてしまいやすい要因で、反発の元となるもの。この反発はあって当然で、経営陣が会議ばかりで市場や顧客に目を向けることを遠ざけると反発が生まれる、というケースは多々あります。しかし、この不満要因を取り除いても働きがいには影響ない。つまり、不満を解消する施策を進めるのではなく、嬉しさを増すことをしないといけないのです。**言われた不満だけ解決していっても、社員のモチベーションは高まらず行動も起こさない**ということです。

第6章まとめ

- まず行動を変えて、意識が変わったことに気付かせる
- 時短で終わらせず、生み出された時間を未来へ投資する
- 目的と手段を明確にしましょう

第7章

88％の失敗企業

５２８社と対応してきましたが、その一番初めのミーティングで「働き方改革に成功していますか？」と必ず聞きます。すると、「はい、成功しています」と答えるのはたった12％しかないのです。すなわち、88％の企業が成功していないという回答でした。どのメディアも報じないこの現実に驚きを隠せませんでした。

その根本原因を追究すべく、「どうやったら成功できるのか？」ではなく、「なぜ成功しないのか？」を掘り下げることにしました。決して失敗することが悪いのではなく、むしろ失敗からのほうが学ぶことが多いですし、成功には失敗が必要だと今でも思っています。

「失敗することは、アートであり、冒険でなければなりません。信じるからこそ、新しい何かが生まれるのです。どんな発明も、リスクを負わずには生まれなかったでしょう。だからこそ、リスクをとる勇気を持たないといけないのです」

ジェームズ・キャメロン（カナダ／映画監督）

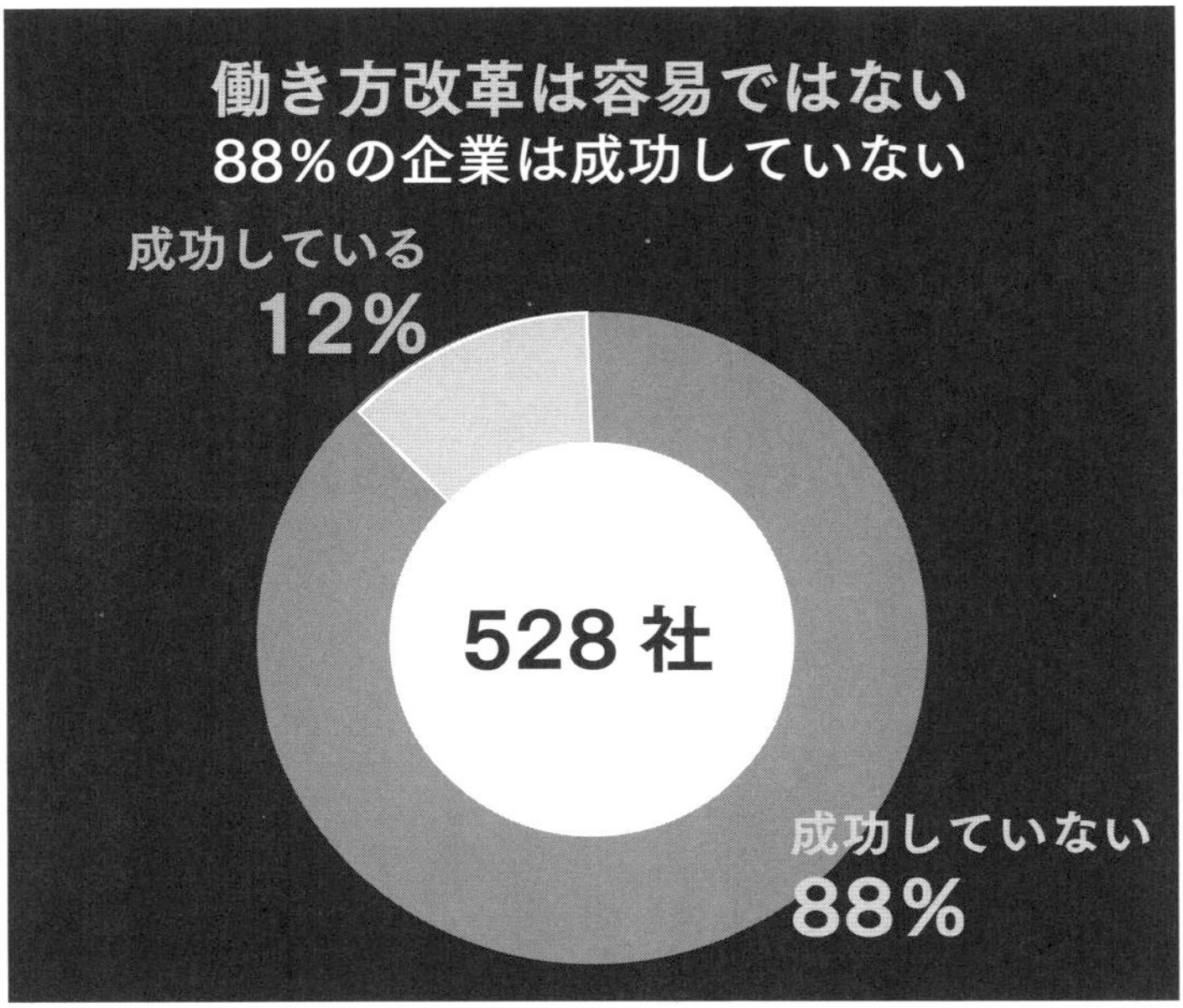

働き方改革は容易ではない
88%の企業は成功していない

成功している
12%

528 社

成功していない
88%

528 社の調査結果：88%が働き方改革に成功していないと回答

働きやすさと働きがいの違い

先に説明したハーズバーグ理論の通り、衛生要因の解消は満足につながりません。これらは仕事における満足感を促すものではないということです。これらの要因は本質的に仕事に対する不満を防ぐ役割をするだけで、衛生状態が良くてもそれだけでは健康を促進することはなく、衛生状態が損なわれると病気を引き起こしてしまうのと同じです。ハーズバーグはこれらの衛生要因を「不満要因」あるいは「保全要因」とも呼んでいます。これらが充足されていても、従業員はある程度満足できるだけで、自分自身や自分の業績をより良くしようという働きがいやモチベーションにはつながりません。

近年の働き方改革の盛り上がりで、施設や福利厚生に力を入れる企業が増えています。ランチが無料になったり、会議室の椅子が突然豪華になったり、オフィスの玄関が綺麗になったり…。新卒をはじめとした新人採用や、即戦力の中途採用を増やすことは難しくなり、現在の社員をどう活気づけて、何としてでもやめさせないように躍起になっている企業はたくさん存在しています。ここで目指しているのは、働きやすさです。「働きたいけど働けない人」を救って雇用を確保しないといけません。こういった働きやすさがないと、

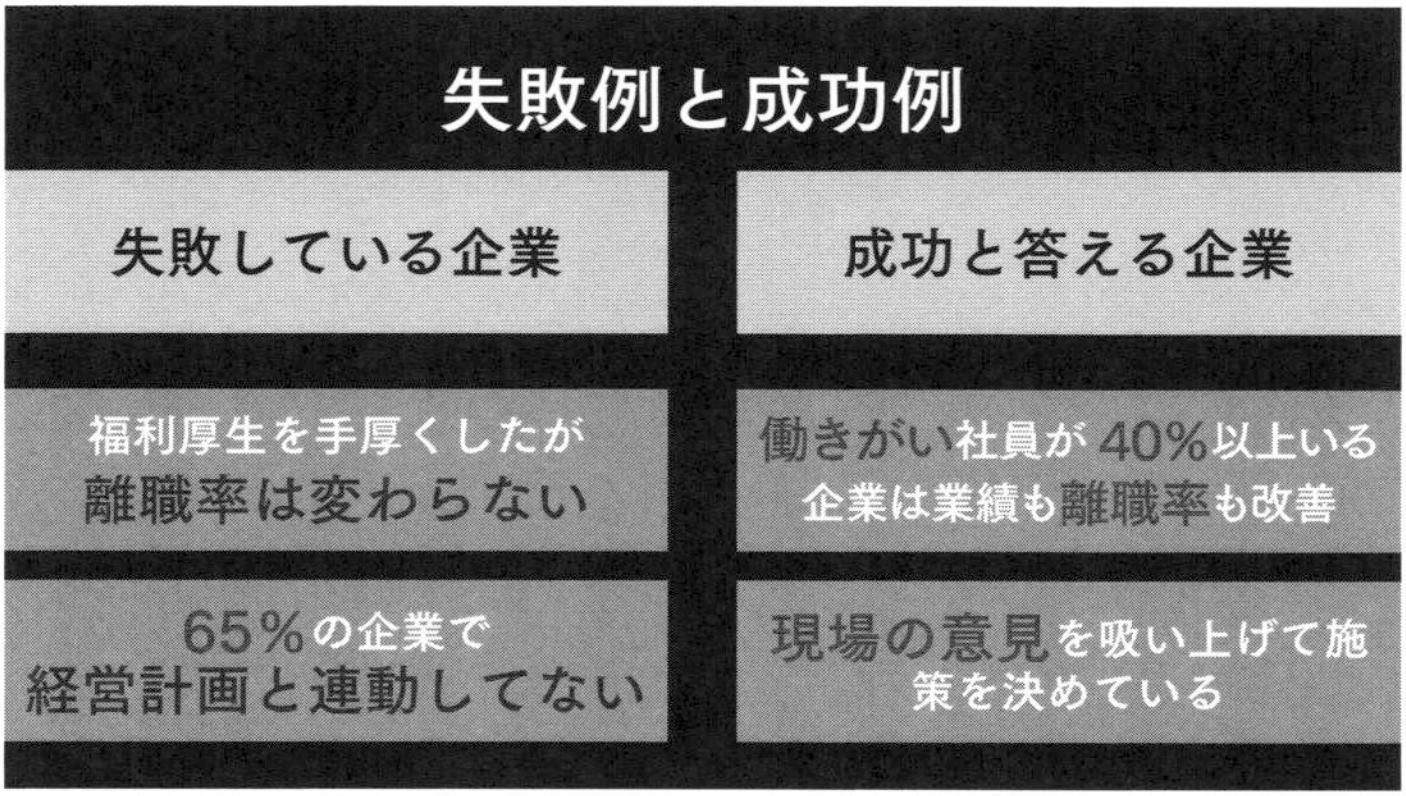

失敗例と成功例	
失敗している企業	成功と答える企業
福利厚生を手厚くしたが離職率は変わらない	働きがい社員が40%以上いる企業は業績も離職率も改善
65%の企業で経営計画と連動してない	現場の意見を吸い上げて施策を決めている

失敗例と成功例の比較。“働きがい”を目指すべき

私のような介護や看護を抱える人が働けません。

ただし、働きやすさだけでは会社は成長できません。米国ギャラップ社は福利厚生や特典だけではやる気が改善されることはないという調査結果を発表しています（ギャラップ社調査：2018年の1～6月にかけてフルタイムまたはパートタイムで企業に勤務する米国33万628人に向けて実施したもの）。実際に、私のところにも「福利厚生や人事制度を充実したのに離職率は改善されなかった。どうすればよいか？」という企業からの相談が毎月来ます。働きやすい環境は必要ですが、それが会社の成長と社員の幸せの両立に寄与しないことが多いのです。

働きやすさと働きがいは意味も効果も異なります。働いている時に幸せを感じるのが働きがいです。この働きがいを感じている社員は、そうでない社員よりも、生産部門でいうと業務効率が25％高い。営業部門の売り上げでいうと1・6倍も高いのです。業績にも貢献して、自分も幸せと感じています。働きがいを感じる社員が全体の60％を超えると離職率は大幅に減り、増益になる確率が52％高くなります。だから、働きやすさではなく、働きがいを目指すべきなのです。

ムチャな時短で売り上げもモチベーションも下がる

労働時間を短くすることを目的にしている企業が多数あります。2019年4月から働き方改革関連法が施行され、法令順守のために違法残業させない守りの姿勢は必要ですが、それだけやっていても会社の業績も社員のモチベーションも下がります。

516社の調査結果では、32％の企業が週に1回以上一定時間（19時や20時）になるとオフィスフロアの一斉消灯をしていました。うち、「一斉消灯によって社員の意識が変わったと思う」と答えた企業は17％しかありませんでした。追加調査によりその17％の消灯成功企業のうち、78％の企業は「一斉消灯を開始してから6カ月以内」でしたので、短期間ではある程度の成果は出せるのかもしれませんが、一斉消灯を2年以上実施している企業で「うまくいっている」と答えた企業は8％でしたから、継続的に実施すべき施策ではないようです。

そもそも、長時間労働を生む根本原因を解決しないと早く帰れるようになりません。毎年ビジネスの成長を求められる中で、労働時間の削減は求められていますので、これまでとは違う働き方を見出さないといけません。一斉消灯することで帰宅するきっかけにはなるかもしれませんが、そもそも仕事が終わらなければ帰れないのです。

カフェが激混み、書類忘れも

根本解決をせずに一斉消灯をすると何が起きるかというと、オフィス近くの喫茶店が混むのです。弊社メンバーで東京・大阪の主要オフィス街を回ったところ、ノートパソコンで仕事をする人が19時以降に一気に増えていることを確認しました。それも、大量の書類を持ち込んで狭い座席で作業しているのです。同じ光景を複数の地域で何度も目にしました。そして、2回ほどその書類を忘れて帰るシーンに遭遇しました（弊社のメンバーが持ち主に届けましたが）。このカフェが混む時間と近辺のオフィス消灯時間には関係があると思われます。仕事を早く終わらせるための施策をしないでオフィスの電気だけ消しても、仕事が終わらない社員たちは近くのカフェで窮屈そうに仕事をしているのです。

長時間労働が「なぜ」生まれるのかを掘り下げて考えることなく、残業を「どうやって」減らすかを考えてしまうと、このような安易な解決策に頼り、むしろ生産性を下げることになってしまうのです。表面上の対策ではなく、根本解決にアプローチしないと意味がないことを再認識しました。

社員をしっかり管理すればうまくいくと信じている

働き方改革関連法が施行され、マネージャーが部下の労働時間をチェックしないといけません。企業では人事部を中心に残業を徹底的に取り締まり、経営幹部は何も仕組みを変えずに「売り上げだけは落とすな」と現場に指示する**働かせ方改革**を推進しています。昭和の時代から続く報告・連絡・相談（いわゆるホウレンソウ）を部下に強制させておけばすべてうまくいくと過信する経営幹部は、令和時代にもたくさんいます。業績が低迷すると管理を強化して、日報と会議を強制して質問責めにしてしまう。こうした上からのダメ出しで自信を失い、怒られないように悪いことを隠す、言われたことしかやらない受け身になる部下たちが増える。受け身になると思考の質も行動の質も落ちて状況が打開されない。状況が変わらないからまた管理を強化する、部下はさらに守りに入る、というマイナススパイラルに陥っていませんか？

管理すれば売り上げが上がっていたのは昭和のモノ消費時代。研究開発室で生まれた製品を広告すると売れる時代でした。今はコト消費で顧客は体験を買うのです。そのニーズが複雑で見えなくなってきているので、求められるのは「工夫して売ること」です。創造力を使って、新たな商品開発、営業手法、提供方法が求められるのです。

そのためには思考の質と行動の質を高めないといけないのです。顧客の嫌なことと嬉しいことは何かを探り、同じ失敗を繰り返さないように過去の反省と学びを基に新たな提案をつくり出すことを**上司と部下が一緒に**やらないといけないのです。報告書の作成や社内報告会議の間接コストを減らして、部下に伴走して一緒に考え、行動する管理者が求められます。「お前は言われたことだけやればいい」はもう通用しないのです。

最新のＡＩを導入したのに残業が増えた

ＩＴもＡＩも手段であり、すべてを解決する魔法ではありません。根本原因を発見した後に正しく導入しないと効果が出ません。日本ではＡＩが仕事を奪うと言われて敵対視されたり、ＡＩを導入したら何もかも解決するかのように権威化されたり、捉え方は様々です。

特にＡＩロボットが業務を自動処理するＲＰＡ（Robotics Process Automation）は注目されており、提供ベンダーには問い合わせが殺到しているそうです。残業を抑制しないといけないので、テクノロジーを活用して作業を代替させようという考えは間違ってはいません。しかし、テクノロジーは万能ではないので、適材適所をよく考えた上で導入しないと時短にはつながりません。

68社へのヒアリングでも半分以上で「ＲＰＡを入れることが目的」になっていました。情報システム部門を中心に各部門のメンバーが招集されて社内でプロジェクト化する企業が多いと思いますが、「うまくいっています」と答える企業は68社中5社だけでした。Ｗｅｂサイトや専門誌にはＲＰＡの成功事例が多く紹介されていますが、これらはほんの一部。ＡＩを導入したのに思うような成果が出ていない企業が多いです。

ＲＰＡ導入後に特に問題になるのは野良ロボットの存在。各部門に自動化ロボットを製作させたものの、保守運用ルールが決まってないために、自由勝手なロボットが各部門に存在し、異常動作で業務に問題を起こしても誰も管理していない状態です。また、その野良ロボット対策として、専任者を配置して野良ロボットを監視させる、という企業も出てきました。業務を減らすためにＡＩを入れたのに、むしろ人員稼働が増えてしまった、という迷走が全国で起きているのです。

なぜ、うまくいっていないのでしょうか。その根本理由を掘り下げていったところ、以下の3点に集約されました。

1．目的と目標、責任範囲が不明確
2．今の業務をそのままＩＴで実現しようとしている
3．できないことに注目する

散歩していたら富士山の頂上に着くことはありませんから、ＲＰＡの目的をしっかり言

語化した上で社員に腹落ちさせないといけません。そして、目標はできる限り数値で表現して指標にしましょう。何がどうなったら成功なのかを定量的に決めるのです。社員が働く上で順守するルールとして就業規則があるように、ＲＰＡも運用ルールが必要です。どういう時にロボットを製作し、何をやってはいけないのか、誰が責任者であるのかを明文化するのです。

また、多くの企業は、そもそも仕事の進め方が特定の個人の感覚に頼っており、他の人に引き継ぎができない状態にあります。28社で調査したところ、約18％の業務がこの「人依存の感覚業務」と言われるものでした。この対処をしないとＡＩは導入できませんし、その人が休むこともできません。せめてその仕事の流れ（業務フロー）を可視化して、簡易でもいいのでマニュアルを作らないと他の人に仕事を振ることができません。ここはＡＩを入れる前に現場で整理すべき点です。

にもかかわらず、標準化されていない業務をＩＴに任せようとしてその製品が持つ標準的な仕様をどんどん変えてしまう。機能追加で価格は上昇し、使い勝手は悪くなり、使いこなすことと維持・保守が難しくなります。成功している8％が実行したのは、業務をＩＴに合わせて標準化することです。できる限りカスタマイズせず、利用者の使いやすさに拘るのではなく慣れさせることに注力しています。

まずはどこにロボット・ＡＩを入れるのか入れないのか、各部門で業務の棚卸しをきちんとしましょう。このような時に必要なのは、実はアナログ作業です。現場のステークホルダーを集めてワークショップをして「これをなくそう」「これを続けよう」ときちんと棚卸ししてから始めると、ここにＡＩ、ＲＰＡを入れておこう！とスムーズにいくのです。これをまず、おすすめします。

では、失敗例と成功例で学んだ、成果が出るＲＰＡの導入方法は何か。それが以下の５ステップです。ステップ５までいったら終わりではなく、定期的に見直すことにより定型業務をより多くＡＩに任せ、運用の不具合がないようにルールを修正していきます。この手法を用いて４社中３社は稼働時間12％削減などの当初の目標を達成し、残り１社は順調に進行しています。現場でもぜひこの視点で業務を見直し、情報システム部門などと連携して正しく自動化してください。

ステップ1　業務プロセスの整理

・実際に業務を回している担当者に業務内容と流れを模造紙などに書き出してもらい、見える形にする。

・他の担当者からのQ＆Aで詳細を把握する。不明な部分をなくす。

ステップ2　なくす業務を決める

・各部門の代表者に参加してもらい、ステップ1の後に重複業務を見つける。

・他部門から見て非効率だと思える業務を必ず1つ以上抽出し、なくしたメリットとデメリットを比べる。

・各部門の責任者により自身の判断でやめる業務を1つ以上決めて宣言してもらう。

ステップ3　定型業務を見出す

・人の感覚によることなく遂行できる業務を選定する。

・業務手順をマニュアルにできる業務を選定する。

ステップ4　業務の標準化

・ステップ3で抽出した定型業務の流れを、ITツール（RPA含む）に合わせて再設計する。

・全体の流れを見て無駄がないか再度チェックする。

ステップ5　定型業務をＡＩに任せる

・ＲＰＡロボットに実行させることを決める（例：データの転記、情報収集、メールのキーワード抽出など）。
・蓄積したデータの保管ルールを決める（例：必ずクラウド保存、他部門への自動共有など）。
・ロボットの開発・運用・サポートルールを決め、その順守が見えるようにして、情報システム部と人事部が管理する。

最終的にＲＰＡはテクノロジーではなく、労働者として捉えてください。現在は現場で人手が足りないと人員追加を会社に要求し、人事部が採用もしくは配置転換によって供給することが多いと思いますが、就労人口が右肩下がりで減り続けるポスト平成時代では、それを人だけでなくＡＩで埋めていかないといけません。社員の職務経歴、職能、スキルを管理し、足りない人材や能力を人事部が埋めていたと思いますが、今後は同じようにＡＩを管理して、会社全体の戦略に沿って配置を考えていくべきです。

ＩＴが働き方を変えることはありません。働き方を変える時にＩＴが役立つのです。多くの企業と対応してみると、ハード面、モノに投資する企業が多いと感じます。最新のITを導入すればバラ色の世界が広がるという宝くじ的な妄想に陥っています。テクノロジーが人間の未来を創るのではなく、現場のスタッフが未来を創る時にテクノロジーが必要なのです。

業務を自動化する成功ステップ
ステップ1　業務プロセスの整理
ステップ2　なくす業務を決める
ステップ3　定型業務を見出す
ステップ4　業務の標準化
ステップ5　定型業務をITに任せる

失敗してしまう3大理由

多くの企業は何となく始めて、何となく面倒になり、だんだんと経営陣と現場が離れていき、会計年度が変わるタイミングで何となくトーンダウンしていきます。その理由は次の3つに集約されます。

1. 成功の定義が決まっていない

多くの企業が働き方改革および時短の成功の定義が決まっていません。何となく始めて、何となくやってみて、あまりうまくいっていないと誰かが言うとそれに流されていき、何となくやめてしまいます。どの山に登るのかを理解しておかないと、いくら健脚であってもその頂上に着くことはありません。

いつまでに何を達成するのか、定量的に目標を設定しましょう。そして、時短は人事部の労務管理策ではなく経営戦略です。時短を含めた働き方改革で目指す目標と、経営戦略（少なくとも中期経営）とその定量目標が連動していないといけません。この連動がないと2年以内に取り組みをやめる可能性が3倍以上高くなります。

2. 目的と手段をはき違える

働き方を変えるのは手段の1つであるのに、働き方改革の活動をしていること自体に満足してしまってはいけないのです。受験で合格する目的のために塾に通っているのに、塾で椅子に座ると安心して寝てしまうようなものです。いくら戦術（手段）が素晴らしくても、戦略（目的）を見失うといつまでもゴールに到達しないのです。ＩＴや人事制度も手段です。それらを導入すれば働き方が変わるのではなく、働き方を変える時にそれらが必要になってくるのです。

多くの失敗企業が陥るのは、ＩＴや制度を導入することを目的としてしまうこと。先ほどのＲＰＡの例の通り、使いこなさないと効果は出ず、意味がありません。在宅勤務制度や時間単位の有給休暇制度も、マネージャーが嫌な顔をしたり、本人が周りの目を過剰に気にしてしまうと利用者が出ません。実際に失敗企業２８０社の81％が最新のクラウドがあっても使いこなしておらず、65％の企業が休暇を取りづらい文化があると答えています。一方で、働き方改革を通じて達成したい目標を明確にしている企業の78％は「うちの働き方改革が成功しています」と回答しており、成功確率がそうでない企業より３・７倍高くなります。

3．何か有効な魔法があると信じて探し続けている

他社のキラキラと輝く成功事例の真似をすれば、自社にもバラ色の未来が待っていると勘違いしているパターンです。高額なＩＴを導入すれば大抵のことは解決してくれる、と

思ってしまうのです。大手コンサルティングファームに高額な支払いをすれば何もかもうまくいくと信じている妄想企業もこのパターンにあたります。私もコンサルティング会社を経営していますので無責任なことは言えませんが、改革を自分ごととして捉えて自立的に進めないとうまくいきません。コンサルタントはクライアント企業の肉体改造を支援するトレーナーの立場であって、一瞬にしてムキムキの筋肉体質をつくり出せる魔法を持っているわけではありません。自分たちでトレーニングをしないと筋肉はつきません。その覚悟を会社と社員が持っているかが重要です。

第7章まとめ

88%の企業が失敗する理由トップ3	
1	成功の定義が決まっていない
2	目的と手段をはき違える
3	何か有効な魔法があると信じて探し続けている

あなたの会社はこうなっていませんか？

コラム

性善説か性悪説か――ホウレンソウよりザッソウを

週報の提出を指示している企業11社中9社が昔からのしきたりで継続していると答え、週報を提出させることが目的となっていることが明らかになりました。週報を提出させないと社員がさぼるから、という理由もありました。一般的に性悪説で働き方改革を進めると管理コストが増えます。サボってしまうのではないかと管理すると、在宅勤務ではもちろん、報告のための資料作成と会議が増えます。管理すれば業績が上がるなら良いのですが、そうでもないのです。弊社の匿名式アンケート調査では、在宅勤務でサボる人はオフィスで勤務をしていてもサボっていました。オフィスでもYouTubeやゲームをしていました。

その状況を打開するには職責をしっかり定義し、評価制度を変えるべきです。しっかり管理すればサボる人が減るわけではなく、むしろ優秀な人のモチベーションを下げています。現場から大切な情報を吸い上げるには会議ではなく会話を増やしましょう。上司に気軽に相談できる関係を構築してみてください。報告・連絡・相談（ホウレンソウ）ではなく、雑談と相談（ザッソウ）で情報が上がってくる仕組みをつくることが必要です。

パナソニック・コネクティッドソリューションズ社の樋口泰行社長も週報を禁止にして上司と部下の会話を推奨し、新たな企業文化をつくっています。「16年以上パナソニックで働いているが今が一番いい」という社員の声も聴きました。成功企業はこういったやめるべきものを勇気を持ってやめて、代わりにコミュニケーション密度を高めて社員の働きがいを高めています。

第8章

12％の成功企業

成功企業がやっている5つのこと

ここでは、12％の成功企業が実践していることや心構えを紹介します。意外とシンプルで、簡単にマネできることが多数あります。

1. 量の改善だけでなく質の改善をしている

第6章で説明した通り、働き方改革は第2ステージに突入している中、量の挑戦だけをしている企業と、質の挑戦もしている企業があります。成功しているかを聞くと、やはり質の改善のほうが成功はしやすいようです。量のほうはうまくいっているのは22％です。質のほうはうまくいっている会社が62％あります。短期的には質の改善のほうが効果が出やすいかもしれない。これはもちろん成功の定義が決まっているという前提です。

2. デメリットではなくメリットに目を向ける

新たなことをする時にデメリットがない時はありません。テレワークもＡＩ活用もデメリットはあります。しかし、デメリットがあることを拒んでいたら、変化に対応はできません。

成功している会社は例外なく、経営者がメリットに目を向け、覚悟を持って施策を実行していきます。「あれがダメだ」「これがあるからダメだ」といちいち否定してくる保守派がいたら、「では対案を教えてください」と建設的な話し合いに切り替えましょう。対案のない否定は愚痴です。

そういった消極的な議論ではなく、「コレをするにはこうしたらどうだろうか」「よし、やろう。反発はあるだろうがやろう」と前へ進む議論にしましょう。メリットが大きければ多少のリスクを背負ってでもやるべきなのです。変化の激しい中で「何もしないこと」こそリスクが高いのですから。

3. 社員を経営資源と捉えている

業績向上にも貢献して自分も幸せと感じているという「働きがい社員」は、会社にとっても社員にとっても良い状態です。ただし、この働きがいを感じるためには、社員の能力が活かせるポジションに配置することが重要です。もちろん優秀な部員の異動で業務が回りにくくなるかもしれませんが、適材適所で配置することが社員という業績を生み出す資源の有効活用だと捉えて、社内異動（ジョブローテーション）を推進すべきです。

社外から人が取りにくい状況であれば、なおさら新たなスキルを身につける社内教育と、希望と能力のミスマッチをなくす社内異動に力を入れるべき。成功企業は、全社で8%以上の社員を社内異動させていました。

4. 経営戦略の一環として取り組んでいる

働き方改革は人事施策ではなく、時代の変化を乗り越えるための経営戦略です。中期経営計画などの会社計画に組み込まれていないといけません。経営戦略の中で目指すべき人物像を明確にして、なぜ働き方を変えないといけないのか明文化しないと、社員の腹落ち感はつくれません。

成功企業の90%は中期経営計画に働き方改革が組み込まれていました。他方、失敗企業は35%しか経営計画に入れていませんでした。会社が成長して社員が幸せになる手段として人、時間、資金をどのようにうまく活用するかというのが経営です。人の時間の活用こそ時短の目的になっていないといけません。

5. 成功パターンの発見プロセスだと腹をくくっている

挑戦が許され、失敗することよりも失敗の学びを活かさないほうが責められる文化があります。成功ばかりが続くことはないですし、また失敗ばかりが続くこともありません。両方があることを理解して、失敗からの学びを次の挑戦に活かすことによって成功確率を上げていくというプロセスを回すことが求められています。

成功企業は活動量が多く、失敗から反省して学びを得て次の行動に活かしていくサイクルを続けていけば改良されて成功に近づいていくことを知っています。働き方改革はこの成功発見のプロセスだと理解して、失敗することを責めない文化が必要です。

第8章まとめ

12%の成功企業がやっている5つのこと	
1	量の改善だけでなく質の改善をしている
2	デメリットではなくメリットに目を向ける
3	マネージャーが社員は経営資源と捉えている
4	経営戦略の一環として取り組んでいる
5	成功パターンの発見プロセスだと思っている

コラム

提言　経営陣こそ改革を

役員会議はペライチで

５２８社を対応したところ、役員会議の準備時間とその効果を気にする企業が２００社以上ありました。26社への個別ヒアリングと分析によると、１時間の役員会議を開催するために要する時間は70～80時間でした。従業員数が多ければ多いほど、準備時間が増えるという相関関係もありました。

中でも、資料作成の関連時間が全体の準備時間の45％と圧倒的に多いことが分かりました。次いで、上長や特定役員への事前説明の時間（アレンジ時間を含む）が33％、役員会議に必要な情報を集める時間（多くは部下から情報やデータを聞く会議）が20％となっていました。

事前説明は、説明する上長や役員が多くなればなるほど資料の作成時間が長くなることが判明しました。これは、課長に見せたら「このデータを加えろ」、部長に説明したら「ここの説明が分かりにくいから文章を追加しろ」、本部長に見せたら「他社の事例も入れておけ、結論は先に持ってきてくれ」と言われ、最後に副社長に見せたら「もっとシンプルな資料にしておくように」と言われ、資料のレイアウト修正が何度も行われるケースが多いことが作成時間を長くしていました。

そこで、トヨタ自動車や私が在籍していたマイクロソフトでも採用していた「A3サイズ1枚」(通称ペライチ)をクライアント企業11社に適用させました。これは、議論1テーマにつき1スライドというルールで、会議本番では印刷は禁止で、スクリーンに表示して議論を行います。各役員にはタブレットを配布して、タッチ画面で資料の拡大ができるようにしました。

フォントサイズを18ポイント以上にしているものの、A3サイズですので1枚の資料の中に文字がぎっしり並んだ形になりますが、ページをめくることによる集中力の離脱(低減)を避けることができ議論に集中できます。説明順が分かるように各項目に数字を入れますので、説明箇所を探す時間も省けます。

雛型(フォーマット)を統一する大きなメリットは2つです。まず、役員などレビユーする側は見慣れたフォーマットのほうが見やすく分かりやすいです。しっかり考えて作り込んできたのか、企画に対する情熱はどれくらいあるのかも他者と比較して見ることができるのです。そして、何より大きいのは作り手の作業負荷が減ることです。会社でフォーマットが決まっていれば課長や部長の事前説明ごとにレイアウトを作り直す必要はなく、作業時間が大きく減ります。実際にペライチを導入した企業16社の役員会議準備時間は18％減りました。

さらに予想外の成果は、結論が出やすくなったことです。以前までは大量の資料を見ることにエネルギーが奪われ、意思決定につながる議論に至らないケースが多くありましたが、ペライチ導入後は議論をする時間が約20％増え、それにつれて「未決」となる議題が25％減りました。

使われない資料のために時間を費やすことをやめ、個人の好みで資料の作り方を変えさせられることによる作業負荷がなくなり、かつ目的を達成しやすくなったわけですから、作業時間の「量」を減らし、より多くの成果を残すことにより「質」が上がった好事例です。

ペーパーレス実現には役員会議と個人ロッカーを変える

本気でペーパーレスを推進したいのでしたら、役員会議を印刷禁止にしてください。営業部門だけ、総務部だけ…と特定の部門でペーパーレスを挑戦しましたが、最終的に役員が阻止するケースが続出しました。領収書の原本や見積書などレギュレーションや顧客都合でペーパーレスにできないものもあります。ただし、社内で配布される文書はペーパーレスにできます。役員会議のために準備した資料を印刷せずに、ファイルを役員に共有して、ＰＣやタブレットで閲覧および拡大縮小をできるようにしてください。ｉＰａｄを配るぐらい安いものです。各部門のトップである役員の意識と行動を変えないとペーパーレスは浸透しません。

代替手段が残っていると新しいことに挑戦しにくくなります。ペーパーレスと頭では分かっていても目の前にプリンターがあると印刷してしまうものです。

そこで、印刷物を持ち帰るのが嫌だ、という感情を湧き立たせるために、社員個人が保管する書庫、つまり個人ロッカーや書棚のスペースを小さくしてください。保管する場所を狭くする、つまり紙を保存する機会を少なくすることで強制的に社内会議で紙を使うことを禁止するのです。

管理職がすべき時短策

経営者

企業のトップは社外だけでなく社内でも発言力があり、注意が必要です。オフィスフロアで声を掛けられるだけで喜ぶ社員もいます。社員にとってトップの言動は影響力が高いのです。ですから、余計な一言で**意欲を冷やすことは絶対に避けてください。**経営陣からのトップダウンはこれまでの階層型組織で機能していましたので、「伝える」ことに終始していました。今は「伝わる」ことが必要なのです。なぜならば、トップダウンだけで社員が動くという時代は終わり、社員たちが自ら止まって考え自発的に行動を変えるという仕組みをつくらなくてはいけないからです。何十年も同じことを続けていた働き方を大きく変えるためには、このようにトップダウンだけではなくボトムアップと組み合わせて行動を継続させることが必要なのです。

役員会議の改善も必要です。意思決定しない会議、つまり全員が評論家になってしまう会議はやめてください。役員や現場からは言い出せないので、やめる勇気を持ってください。会社の方向性や重要事案を決める会議をリードしてください。ファシリテーションをする人が配置されていなければ、建設的な会議の空気をつくってください。愚痴しか言わない役員には指導してください。

開催日時も再考の余地があります。528社を調査した結果、3分の1の経営会議が月曜朝に開催されています。その時間に開催するために部下たちは土日に最終準備をしています。またモチベーション面でも月曜は問題があるでしょう。月曜からスタートダッシュができる会社はまだ少ないのではないでしょうか。働き方改革の成功企業はPDCA（Plan 計画・Do 行動・Check 振り返り・Action 実行）のうちPにかける時間をできる限り少なくし、Dを現場にやらせてから役員会議で大規模案件のCと意思決定をしています。よりスピード感を持って実行に移せるよう、週の半ばである水曜か木曜の朝に実施することをおすすめします。

また社内でペーパーレスを浸透させるためには、まず役員会議をペーパー禁止にしてください。プロジェクターで拡大表示しながら議論したほうが発表者に目線がいきやすいので、話し手と聞き手の間に対話が生まれ、建設的な意見交換になりやすいです。もし、手元に資料が必要でしたらタブレットを役員に配布して簡単に拡大表示できるようにしてください。ペーパーレスにすると現場の準備時間が減り時短につながります。

現場との接点を増やしてください。執務室を回ると現場の士気が上がります。特におすすめしたいのはランチです。社長室で仕事をしながら食事をするのではなく、社員食堂やオープンスペースに定期的に顔を出し、気軽に社員に声をかけてください。会社のトップと直接話せたら承認欲求が刺激され、一生ものの財産になることだってあります。

私のクライアントであるIT企業は、自社オフィスから離れて顧客のオフィスで働く社員が多いため、疎外感が膨れ上がり、働きがいが下がっていました。そこで、会長と社長は毎月2回ずつ現地に足を運び、一緒にランチをしています。夜の酒席に比べれば気軽ですし、1時間で終わりますので、会社の方向性がコンパクトに伝わり、現場社員の率直なフィードバックも直接聞けます。対面して話せば、安全欲求（会社で働くことの安心感）も刺激されます。このランチミーティングの参加者満足度は90%、ランチ後に「自分でも何か挑戦しよう」と行動意欲を持った社員は70%を超えており、成果が出ています。経営者自らが行動を変えた実例です。

役員

意思決定、もっと言うと現場が進めかけているプロジェクトをGo「進めろ」、No

Go「やめろ」の判断をしてください。役員会議は現場からの報告の場ではなく意思決定機関です。余計な資料を作らせることをストップし、重要な事案の意思決定をすること、現場の出席者を鼓舞してモチベーションを高めることに徹してください。新しいアイデアには必ずデメリットがあります。メリットがデメリットを上回るならGoすべきなのです。現場の意見を否定するのではなく、まずは受け止めて、それから追加提案してあげてください。No, because…（いや違う。なぜなら…）ではなく、Yes, and…（その通りだな。そしてさらに…）というような話法に変えてください。

すべてが「No Go（やめろ）」だと何も生まれません。No Goが続くのならせめて対案を出してください。部下たちのアイデアの**「良い・悪い」を言うだけなら役員のポジションは必要ありません**。評論家ではないのですから。

部長・課長

結果の質、結果をもたらす行動の質を高めるには、部下との関係性を強化し、一緒に振り返りをすることにより思考の質を高めてください。いきなり結果を責めてしまうと部下はどんどんと保守的な思考と行動になり、結果（成果）は変わりません。部下のモチベーションを高めるように対話を増やしながら何かしらの共通点を見つけて、関係構築をしてみてください。雑談でも何でも構いません。気軽に会話ができる機会と雰囲気をつくり、対話した後に部下のモチベーションが高まった状態であるようにしましょう。

こういった部下とのコミュニケーションは個人にフォーカスした個別の対話にすべきですから、**1対1（1on1）の形式に**してください。「そんな時間がないよ」という方もいるかと思いますが、こういった1on1対話をすることで以下のメリットがあります。

- 評価に対する納得度が上がる
- ビックリ退職が減る
- メンタルで支障が出る人が減る
- 隠し事が減る
- 部下の育成機会を見つけることができる
- 自分へのフィードバックを得ることができる

弊社クライアント企業でも1on1の浸透に取り組んでいます。こういったコミュニケーション密度を高めているチームはそうでないチームより短い時間でより大きな成果を残しています。1on1 が浸透すると、部下よりも上司の満足度が高くなるケースも多いです。

職掌範囲が広く部下が多い管理職もいると思いますが、現場の係長、主査、プロジェクトリーダーや先輩社員などの協力を得て、1on1 の対話機会を増やし、その状況や課題を吸い上げて組織全体の最適化に役立てましょう。

コラム

私の背中を押してくれた10の言霊

1．目的がゴールを引き寄せる

尊敬する元上司からの一言。起業が目的であってはいけない。実現したい社会を明確にし、その実現を目的にすれば、自ずとあなたの行動はゴールに近づいていく。つまり目的を明確にしないとゴールには達しない。このことから、富士山の頂上に登る時にはそれを意識しないといけない、散歩していて頂上に着くことはないということを教えられました。目的と手段をはき違えない、目的はなるべく数値化するということを教えてくれた一言です。

2．正しいことを正しくやるだけ

時に困難な挑戦を続けることは諦めてしまいがちです。新しいことをする時には必ずデメリットが発生しますので、そのデメリットの声が大きくなるとどうしても信念が揺らぎがちです。私が前職のマイクロソフトにいた時には、トラブル続きで折れそうになったこともありました。時にはやり過ぎではないかというほど顧客対応したこともありました。その時の社長の樋口さんから、「正しいことを勇気を持って正しくやるだけでいい」と言われたことが私の人生の大きなターニングポイントになりました。雑音に耳を傾けることなく、自分の信念を貫き通して正しくやることを許されるのだと衛生的安全を感じましたし、心理的安全も感じました。このようなことを上司が言ってくれたら、新たな挑戦もできますし、ビジネスを支えてくれるのはお客様であるという至極当然のことも意識することができます。

3. あなたは何をする人ですか?

2回目の起業をしてまもなく様々な応援オファーが舞い込みました。幸運にも、多くの経営者の方々に講演後にお声掛けをいただき、個別に訪問して今後のビジネスの話をしました。その際に、ある上場企業の社長が仰ったのがこの一言です。私はただ単に目の前のできることだけを行っていましたが、私のことをあまり知らない人や信頼関係が構築できていない人にとっては、私が何をする人なのか分からなかったようです。なおさら、コンサルタントではなくアグリゲーターという日本でまだ知名度の低い職種を名乗っていたため、どういったことをする人なのか、どういう価値を提供する人なのかというのは外から見て分かりにくかったようです。これをきっかけに「株式会社じぶん」として自分自身のブランディングを本格的に開始しました。やはり自分の提供する価値は、言語化しないといけず、他者からの評価こそが、さらに他の新しい顧客を呼ぶということを理解しました。このことに気づき、既存顧客の対応実績を外でも明言するようになってから、多くの依頼が届くようになり、結果的に自分の、そして弊社の時給を押し上げることになりました。

4. 生きていることのありがたみを知る

私は二卵性双生児として母のお腹に宿りました。しかし、もう一方の幼体は母のお腹にいた時に流産してしまいました。その後、私はギリギリでこの世に生を受けたわけです。そんな私は幼少期から体が弱く、喘息を持ち、アレルギー性皮膚炎にも悩まされました。そのような中で、ここ数年で父と母が大病を患いました。兄と一緒に両親を支え続け、改めて家族の絆を感じることができました。そんな両親が大手術を終え、退院して家で暮らす時に言ったのがこの言葉です。私はどうもストイックで無理をしてしまいがちで、精神疾患になったり頸椎の疾患を患ったりしたこともあります。2度目の起業をした際も、少し意気込んで様々なことにチャレンジしようと鼻息を荒くした時期がありました。そんな時に、家族の病気や回復を間近で見て、自分自身が長く幸せに生き抜くことが最優先であると再認識することができました。これ以降、週休3日の定着に向けて、睡眠時間を7時間以上取るようになりましたし、無理なスケジュールや過度の仕事を受けないように心がけました。

5. あなたの行動に惹き寄せられる

弊社クロスリバーは正社員はおらず、全員、業務委託で参加してもらっています。あえて異質なもの同士を組み合わせるために、様々な経歴や経験をした人を集めています。経営者や僧侶、フリーランスや学生などに様々なプロジェクトに参画してもらっています。ｂｏｓｙｕを通じて、ＦａｃｅｂｏｏｋやＴｗｉｔｔｅｒを通じて参加者を募るのですが、その志望動機の中で年配の男性が発したのがこの言葉です。私のビジョンや提供内容に興味を持つ以上に、そういったビジョンを実現させようとしている私自身に興味を持ってくれたのです。優秀なメンバーを集めるには、ただ単に待遇や報酬を整えるのではなく、共に仕事をするメンバーの人柄や正義感に影響を受けて集まってくるということを体感しました。

6. ＩＴが働き方を変えることはない

シドニーのメンターから言われた言葉です。私はテクノロジー業界出身ですので、どうしても主張内容がテクノロジーを使って働き方を変えるというように伝わってしまうようです。様々なメディアでも「ＡＩが仕事を奪う」とか「テクノロジーを活用して働き方を変えよう」というようなメッセージが溢れています。ただし、テクノロジーやＩＴが働き方を変えることはありません。働き方を変える時にテクノロジーが役に立つのです。ＩＴのみならず、様々な技術革新はこれまでも起きています。テクノロジーを使いこなすことに注力するのではなく、世の中の変化を敏感に感じ取り、その変化に対応していくことこそが生き抜くための戦術である、ということを教えてもらいました。

7. せっかちというデメリット

週に30時間しか働いてはいけないという会社のルールをつくり、自らもそれを守っている身としては、働く時間はどうしても分刻みのスケジュールになりがちです。移動中のタクシーでランチをしたり、移動しながら資料の編集をしたり、といった具合に、限られた時間の中で多くのことをするがために精神的に追い詰められます。そうなると、慌ただしくしていること自体が自分を安心させるようになってしまい、行動の質は落ちてしまうこともありました。偶然仕事先で出会った元部下が「せっかちでイライラしていると周りから意見が言い出しにくい空気が出て、フィードバックしづらい時があった」と教えてくれました。スピード重視でせっかちに物事をガンガン進めていくことは、時に周りに悪影響を及ぼしていたようです。周りからのフィードバックがなければ私自身を客観的に見ることができなくなってしまいますので、この空気を変えていく必要があると認識しました。せっかちでイライラと仕事をしてしまうと、ミスも多くなり結果的に時間がかかることも多々ありました。このように感情で人を動かしたり、感情をコントロールできずにミスをしてしまったりすると、結果的に効率も効果も下がるのです。そこで自律神経をコントロールするために、朝はゆっくりと深呼吸をして気持ちを落ち着かせて、1日を穏やかにスタートさせるように心がけました。

8．失敗するから学びがある

尊敬するベンチャー企業の創業者からもらった言葉です。大企業出身の私は、どうしても失敗をすることを恐れてしまうこともあります。確かに企業内での出世レースでは、失敗しないことが結果的に同期で最も早く出世することにつながるという時代もありました。実際に、新卒で入った国内大手通信会社で２０００人の同期入社の中で最も早く出世できたのは、会社への忠誠心と、失敗を避けながら言われたことだけをやっていたからだと思います。ただ、時代が変わり顧客の消費行動も変わっていく中で、失敗を避けていることはむしろリスクになることも理解していきました。じっと止まっていることが苦手な私は、なるべく積極的に動き出し、多くの人を巻き込んで複雑な課題を解決することが得意だと信じ込んでいました。しかしながら、ベンチャーしか経験したことのない人にとってみれば、私もまだまだ保守的だったようです。

失敗を避けるのではなく、成功のために積極的に失敗することが後の大成功につながるということを教えてもらい、失敗を失敗で終わらせることなく、その反省を次の行動に活かすという習慣を身に付けることができました。実際に、失敗が後の成功につながった経験をしていれば、失敗することが恐くなくなり、むしろ失敗によって課題がはっきりすればラッキーであるというマインドに変わることができました。

9. エッセンシャルは1％だけ

週休３日の１日は休養と教養に充てているのですが、必ず週に７冊以上の書籍を読むようにしています。この習慣の中で、この5年間で最も影響を受けたのが『エッセンシャル思考』という書籍です。すべての事柄の1％にだけ集中すれば大きな成果が出せる。この1％以外は捨てるという勇気を持てれば、最も重要な1％にエネルギーを傾けて、より大きな成果を生み出すことができる、という法則を学びました。この言葉を目にしてから、〝やめることを決める勇気〟を持つことができましたし、デメリットよりもメリットが大きければやるべきであるということも分かり、行動を起こすための評価軸はインパクトと実現可能性の2つであることも学ぶことができました。

10. 辛いことが楽しければ人生やっていける

私が世の中で最も尊敬している職種はお笑い芸人です。どんな状況でも相手を楽しませることを目的として、常人では真似できない高度なコミュニケーション技術を巧みに使いこなし、相手を思い通りに笑わせることができるからです。また、トーク番組でも、とっさの状況判断と切り返しが長けていて、学ぶべきところがたくさんあります。中でも、明石家さんまさんには多くのことを学びました。幼少期からお笑い番組を見て楽しんでいただけでなく、社会人になってからもさんまさんの生き方や信念には何度も心を揺さぶられました。勤めていた会社が倒産したり、買収されたり、クビになったり、精神疾患になったりと苦しい状況は何度もありましたが、お笑い芸人さんが生み出す〝笑い〟に何度も救われました。特に明石家さんまさんに興味を持ち、いろいろ調べたところ、ご本人にもとても辛い過去があったことを知り衝撃を受けました。そんなさんまさんが言っていたこの言葉は、偶然テレビ番組で聞いたのですが、自然に涙が流れるほど感動しました。人には様々な苦難が襲いかかってきますが、前向きに捉え、その苦難を乗り越えることを楽しめば、何もかも楽しく人生を生き抜くことができる、ということだと理解しました。この心持ちは私の行動に大きく影響を与えましたし、私が現在受け持つ会社のメンバーやメンティーに対しても同じことが言えるようになりたいと思っています。

本書に関わった方々へ

働き方改革に関する書籍が溢れる中、どのようなコンテンツにすれば読者に伝わるのか議論を重ねました。何度も話し合った結果、何より現場で苦しむビジネスパーソンの皆さんのために、中でも現場リーダーの皆さんを意識して書き進めました。後半には経営者の皆さんに向けての提言をまとめました。現場でできること、現場リーダーが意識すべきことを書きながら、その実現には経営陣の理解と変革が必要だと思うからです。企画段階から日経ＢＰの坂巻正伸さんに多大なサポートをいただきました。また、日経ＢＰ出版マーケティング部の小谷佳央さんや今井匡さんとも、どうやって多くの方に伝えられるか話し合いました。本当にありがとうございました。

またこの書籍の原稿の校正や調査をしてくれた株式会社クロスリバーの皆さん、株式会社キャスターのオンラインアシスタントの皆さんに深く御礼申し上げます。これは皆さんとの共同作品です。

最後にこの書籍を執筆するきっかけとなったクライアント企業の皆様に御礼を申し上げます。この大実験を実現できたのは皆様の熱意のおかげです。皆さんの思いが良い形で多くの読者に届くことを祈っております。

そして、尊敬する祖父と父が関わっていた日経グループから自著を出版できたことは何かの因縁を感じています。二人の思いを受け継ぎ、日本および世界の経済を発展させる一助になれば幸いです。

2019年8月　越川慎司

越川慎司（こしかわ・しんじ）
株式会社クロスリバー　代表取締役社長　アグリゲーター
株式会社キャスター　執行役員
国内外の通信会社に勤務し、IT ベンチャーの起業を経て、2005 年に米マイクロソフトに入社。業務執行役員として PowerPoint や Office365 などの Office 事業部を統括、2017 年に働き方改革の支援会社である株式会社クロスリバーを設立。週休 3 日で日本企業の働き方改革を支援している。2018 年 11 月時点で合計 528 社の働き方改革を支援してきた。働きがいを高めるワークショップを展開し、受講者は 1 万 6000 人超、受講者満足度は平均 98%、受講後に行動した人は 64%。著書に『新しい働き方』（講談社）、『働きアリからの脱出』（集英社）、『謝罪の極意』（小学館）。

仕事の「ムダ」が必ずなくなる

超・時短術

2019年9月2日　第1版第1刷発行

著　者　越川 慎司
発行者　村上 広樹
発　行　日経BP
発　売　日経BPマーケティング
〒105-8308　東京都港区虎ノ門4-3-12
URL　https://www.nikkeibp.co.jp/books/
装　幀　三森 健太（JUNGLE）
制　作　アーティザンカンパニー株式会社
編　集　坂巻 正伸
印刷・製本　図書印刷株式会社

ISBN978-4-8222-8984-3

決まった時間に行う必要はありません。「教育・啓蒙会議」は、質疑に重きを置くものは対面式に、確認が主なものはITツールを活用するなど、整理・見直しをしましょう。

「意思決定会議」のダイエットで大事なのは、何よりメンバーの選定です。例えば、限られたメンバーのみで行うべき意思決定会議に、慣習的に「権限のない人」が参加していたりしないでしょうか。多くの人の意見を聞く会議と、意思決定をする会議が明確に区別されないまま、曖昧に何度も開かれていないでしょうか。

「意思決定会議」は**必ず決め方を決めて**臨んでください。多数決なのか、偉い人が決めるのか、実現可能性で決めるのか、投資対効果で決めるのか。こうした決め方が決まっていないと、「参加者の顔色を気にして決まらない会議」が繰り返され、その準備のために副次的な会議が増えていきます。見直してください。

口角を上げれば成果も上がる

成果（売り上げ・利益）に最もつながるのは「企画・アイデア会議」です。ここでいかに創造的なアイデアや効果的な解決策を見出すかが重要です。異なる知見を持っているメンバーが自由闊達に意見を出し合うことが重要であり、いわゆる「乗っかりアイデア」（他人のアイデアに便乗して関連するアイデアを出すこと）も必要なことから、対面式集合形式で実行します。この「企画・アイデア会議」の時間をいかに多く割けるか、そしていかに「自由に、より多くのアイデアを出すか」というファシリテーション（仕切り）が重要になります。全員が発言できる適切な参加者数を決め、自由に意見を出す空気をつくり出すことが必要です。参加者は、年代・性別・役職などを混ぜたほうが多くのアイデアを期待できます。

企画会議では参加者の「表情」も極めて重要です。ずっと眉間にシワを寄せている人や、ムスッとした表情をしている人は意識的に和ませてください。笑顔でというより、口角を上げて、と指示しましょう。

実際に製造業とメディア企業の2社で、口角を上げるキャンペーンを2週間実施し、特に年配の男性が口角を上げて笑顔で会議に臨むことを義務化しました。導入にあたっては管理職の方々から強い反発を受け、個室に呼び出されて1時間以上説教を受けました。そして2週間試行して結果が出なかったら継続しないことを約束し、渋々ながら実施してもらいました。

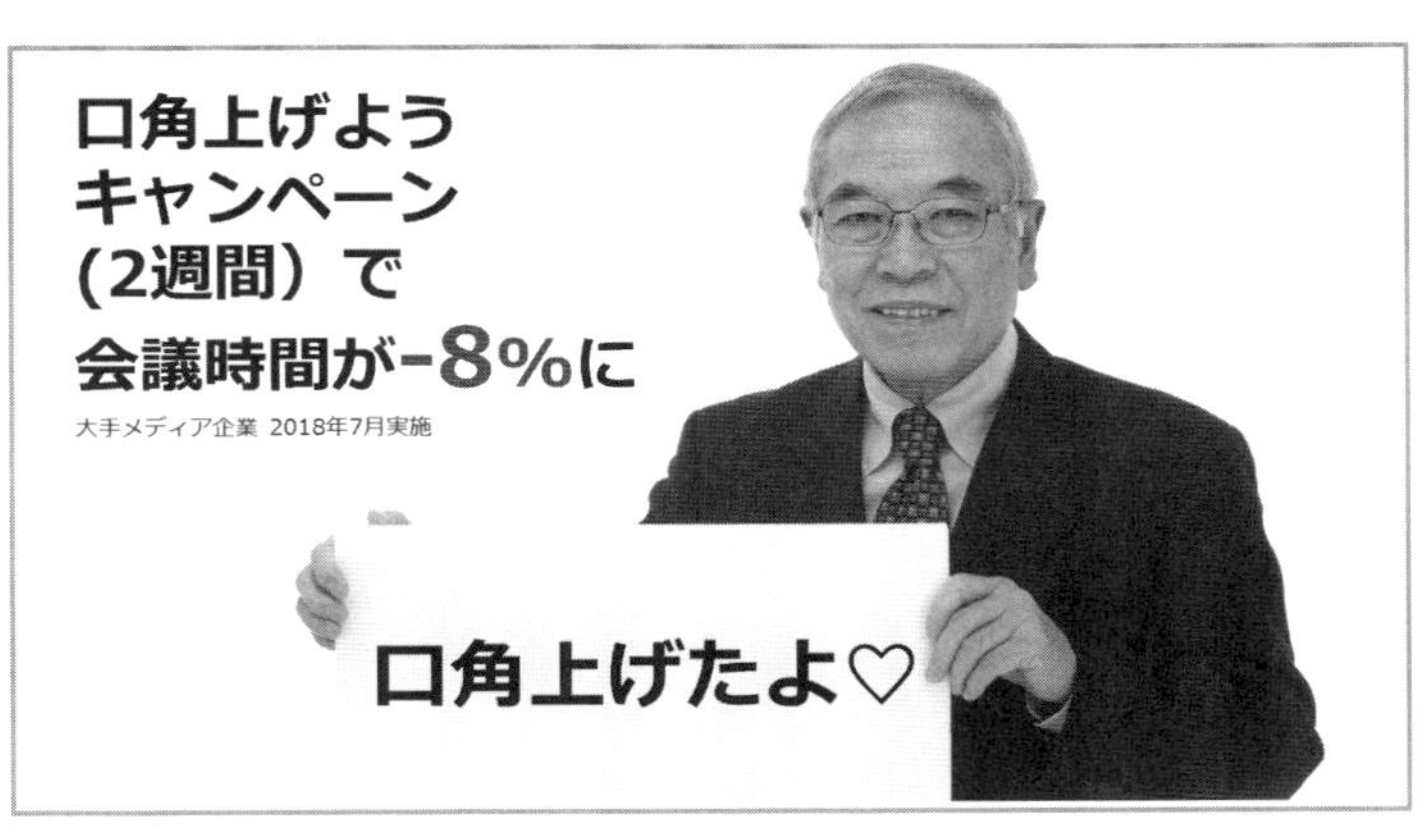
口角上げよう
キャンペーン
(2週間) で
会議時間が-8%に
大手メディア企業 2018年7月実施
口角上げたよ♡

事後、会議参加者への匿名アンケートを実施したところ、回答率は86%、「効果があった」と答えた参加者は92%、「今後も継続を希望する」人が78%もいました。

何より効果的であったのは、会議の時間が減ったことです。アイデアをより多く出すという効果の改善を目的としたキャンペーンでしたが、トライアル部門の会議時間は、キャンペーン未実施の前月、前年同月よりも8%減ったのです。「重苦しい空気」を取り除くことは会議を活性化し、進行をスピーディーにする効果もあるのです。

キャンペーンに関わった社員数は180人で、平均年収や平均残業時間を基に計算すると、2週間で約400万円分の削減効果があったことになります。口角を上げれば成果も上がるのです。

45分会議の〝すきま〟で生まれるイノベーション

各社の会議を分析したところ、90％以上の企業で60分をデフォルト（初期設定）として会議時間を設定していました。大企業では平均して3分ほど遅れて会議が始まります。会議が終わって次の会議室が離れていて移動に時間がかかることを考慮せず、60分刻みの会議がすし詰め状態でスケジュールを埋めているからです。60分より早く終われる会議も終了予定時間までダラダラと浪費してしまう傾向があります。

そこで、21社で会議のデフォルトを45分に変えました。Ｏｕｔｌｏｏｋなどの予定表アプリでは30分刻みで表示されていますので、15分刻みに変えました。

これによって、３つの効果が生まれました。第１に、時間通りに会議が開始される確率が6倍になりました。第2に、短時間で終わらせる意識が高まったことで事前準備がしっかり行われるようになりました。重要な点は事前配布して「添付資料の3～5ページに目を通して参加してください」といった会議招待メールが送付されるようになりました。

そして最も効果が出たこと、それは生み出された15分からイノベーションが生まれたこ